反不正当竞争法一本通

法规应用研究中心 编

中国法治出版社
CHINA LEGAL PUBLISHING HOUSE

编辑说明

"法律一本通"系列丛书自 2005 年出版以来，以其科学的体系、实用的内容，深受广大读者的喜爱。2007 年、2011 年、2014 年、2016 年、2018 年、2019 年、2021 年、2023 年我们对其进行了改版，丰富了其内容，增强了其实用性，博得了广大读者的赞誉。

我们秉承"以法释法"的宗旨，在保持原有的体例之上，今年再次对"法律一本通"系列丛书进行改版，以达到"应办案所需，适学习所用"的目标。新版丛书具有以下特点：

1. 丛书以主体法的条文为序，逐条穿插关联的现行有效的法律、行政法规、部门规章、司法解释、请示答复和部分地方规范性文件，以方便读者理解和适用。

2. 丛书紧扣实践和学习两个主题，在目录上标注了重点法条，并在某些重点法条的相关规定之前，对收录的相关文件进行分类，再按分类归纳核心要点，以便读者最便捷地查找使用。

3. 丛书紧扣法律条文，在主法条的相关规定之后附上案例指引，收录最高人民法院、最高人民检察院指导性案例、公报案例以及相关机构公布的典型案例的裁判摘要、案例要旨或案情摘要等。通过相关案例，可以进一步领会和把握法律条文的适用，从而作为解决实际问题的参考。并对案例指引制作索引目录，方便读者查找。

4. 丛书以脚注的形式，对各类法律文件之间或者同一法律文件不同条文之间的适用关系、重点法条疑难之处进行说明，以便读者系统地理解我国现行各个法律部门的规则体系，从而更好地为教学科研和司法实践服务。

5. 丛书结合二维码技术的应用为广大读者提供增值服务，扫描前勒口二维码，即可在图书出版之日起一年内免费部分使用中国法治出版社推出的【法融】数据库。【法融】数据库中"国家法律法规"栏目便于读者查阅法律文件准确全文及效力，"最高法指导案例"和"最高检指导案例"两个栏目提供最高人民法院和最高人民检察院指导性案例的全文，为读者提供更多增值服务。

目 录

中华人民共和国反不正当竞争法

第一章 总 则

　　第 一 条　【立法目的】…………………………… 1
★ 第 二 条　【不正当竞争定义】……………………… 2
★ 第 三 条　【党的领导】……………………………… 6
　　第 四 条　【政府职责】……………………………… 7
★ 第 五 条　【主管部门】……………………………… 7
　　第 六 条　【社会监督】……………………………… 12

第二章　不正当竞争行为

★ 第 七 条　【禁止混淆】……………………………… 12
★ 第 八 条　【禁止商业贿赂】………………………… 35
★ 第 九 条　【禁止虚假宣传】………………………… 53
★ 第 十 条　【禁止侵犯商业秘密】…………………… 61
★ 第十一条　【禁止违法有奖销售】…………………… 79
★ 第十二条　【禁止商业诋毁】………………………… 89
★ 第十三条　【网络不正当竞争行为规制】…………… 91
　　第十四条　【禁止低于成本价销售】………………… 106
　　第十五条　【禁止大型企业滥用优势地位】………… 110

1

第三章 对涉嫌不正当竞争行为的调查

- ★ 第 十 六 条　【行政查处措施】……………………… 125
- 　 第 十 七 条　【被调查对象的义务】…………………… 132
- 　 第 十 八 条　【对经营者采取的措施】………………… 132
- 　 第 十 九 条　【保密义务】……………………………… 132
- 　 第 二 十 条　【举报制度】……………………………… 133
- 　 第二十一条　【平台内公平竞争规则】………………… 133

第四章　法律责任

- ★ 第二十二条　【民事责任】……………………………… 134
- 　 第二十三条　【实施混淆行为的行政责任】…………… 138
- 　 第二十四条　【实施商业贿赂的行政责任】…………… 139
- ★ 第二十五条　【实施虚假宣传的行政责任】…………… 140
- ★ 第二十六条　【侵犯商业秘密的行政责任】…………… 145
- 　 第二十七条　【违法进行有奖销售的行政责任】……… 148
- 　 第二十八条　【损害商业信誉、商品声誉的行政责任】… 149
- ★ 第二十九条　【利用网络从事不正当竞争的行政责任】… 150
- 　 第 三 十 条　【低于成本价销售的行政责任】………… 154
- 　 第三十一条　【滥用优势地位的行政责任】…………… 155
- 　 第三十二条　【从轻、减轻或者不予行政处罚】……… 155
- 　 第三十三条　【行政处罚记入信用记录】……………… 156
- 　 第三十四条　【民事责任优先承担】…………………… 162
- 　 第三十五条　【拒绝、阻碍调查的行政责任】………… 162
- ★ 第三十六条　【救济途径】……………………………… 163
- 　 第三十七条　【工作人员违法的行政责任】…………… 173
- 　 第三十八条　【治安管理处罚和刑事责任】…………… 175
- ★ 第三十九条　【举证责任】……………………………… 176

第五章 附则

第四十条 【境外不正当竞争行为法律适用】………… 178
第四十一条 【施行时间】………………………… 178

附录一

关于《中华人民共和国反不正当竞争法（修订草案征求
意见稿）》的说明 …………………………………… 179
（2022年11月22日）
关于《中华人民共和国反不正当竞争法（修订草案）》
的说明 ………………………………………………… 182
（2024年12月21日）
全国人民代表大会宪法和法律委员会关于《中华人民共
和国反不正当竞争法（修订草案）》审议结果的报告 …… 185
（2025年6月24日）
全国人民代表大会宪法和法律委员会关于《中华人民共
和国反不正当竞争法（修订草案二次审议稿）》修改
意见的报告 …………………………………………… 189
（2025年6月26日）

附录二

中华人民共和国反垄断法 ……………………………… 191
（2022年6月24日）
中华人民共和国消费者权益保护法 …………………… 205
（2013年10月25日）
最高人民法院关于适用《中华人民共和国反不正当
竞争法》若干问题的解释 …………………………… 219
（2022年3月16日）

附录三

本书所涉文件目录 ……………………………… 226

案例索引目录

- 教育管理集团等与教育集团等侵害商标权及不正当竞争
  纠纷案 ·· 3
- 计算机系统公司诉信息技术公司不正当竞争纠纷案 ············· 4
- 科技公司等诉网络科技公司不正当竞争纠纷案 ···················· 4
- 信息科技公司诉科技公司网络不正当竞争纠纷案 ················ 5
- 张某、张某甲、艺术开发公司诉张某乙、某陶艺厂、艺
  术品公司仿冒纠纷案 ·· 5
- 某公司诉陶瓷公司等侵害商标权及不正当竞争纠纷案 ········ 5
- 甲公司、乙公司与电器公司、龚某等侵害商标权及不正
  当竞争纠纷案 ··· 32
- 甲文化传媒公司诉游某梅、乙文化传媒公司不正当竞争
  纠纷案 ··· 32
- 电子商务公司诉科技公司著作权侵权纠纷案 ···················· 32
- 投资发展公司诉投资公司仿冒纠纷案 ································ 33
- 甲环保科技公司诉乙环保科技公司商标权权属、侵权及
  不正当竞争纠纷案 ··· 33
- 网络技术公司诉科技公司、电子商务公司不正当竞争纠
  纷案 ·· 33
- 餐饮公司诉某餐馆仿冒纠纷案 ·· 34
- 甲生物工程公司诉乙生物工程公司等仿冒纠纷案 ············· 34
- 文具制造公司诉制笔公司不正当竞争纠纷案 ···················· 35
- 通信技术公司诉市市场监督管理委员会、国家市场监督
  管理总局行政处罚及行政复议案 ······································· 53
- 产业公司诉饮料公司虚假宣传纠纷案 ································ 59
- 某调理店诉市市场监督管理局、市人民政府罚款案 ·········· 60

- 某株式会社诉服饰公司等著作权权属、侵权纠纷及虚假宣传纠纷案 ································ 60
- 电影公司等诉影业公司不正当竞争纠纷案 ················ 61
- 化工公司、技术公司诉某集团、科技公司等侵害技术秘密纠纷案 ·· 75
- 某公司诉环保公司等侵害技术秘密纠纷案 ············· 76
- 开发公司诉魏某乙、胡某、甲科技公司、乙科技公司侵害商业秘密纠纷案 ································· 76
- 模具公司诉李某峰等侵害商业秘密纠纷案 ············ 76
- 荷兰某公司诉智能装备公司专利权权属纠纷案 ·········· 77
- 机械公司诉曹某、李某保、周某、某公司、木业公司侵害技术秘密纠纷案 ··································· 77
- 医药公司诉药业公司专利权权属纠纷案 ··············· 78
- 某传媒集团诉文化传媒公司侵害商业秘密纠纷案 ······· 78
- 运输公司诉油田技术公司、谭某串通投标不正当竞争纠纷案 ·································· 78
- 某公司诉某中心商业诋毁纠纷案 ···················· 91
- 甲公司诉乙公司商业诋毁纠纷案 ···················· 91
- 科技公司诉信息技术公司等网络不正当竞争纠纷案 ······ 104
- 计算机公司诉甲科技公司、某服务部、乙科技公司不正当竞争纠纷案 ·································· 105
- 计算机系统公司、甲科技公司诉网络技术公司、乙科技公司不正当竞争纠纷案 ······························ 105
- 某公司、金融信息公司诉软件科技公司不正当竞争纠纷案 ·································· 106
- 工商咨询公司诉谭某、企业管理咨询公司侵害商业秘密及不正当竞争纠纷案 ···························· 132
- 甲材料公司、乙材料公司诉化工公司等侵害技术秘密纠纷案 ·································· 136

- 某控股集团、某汽车研究院诉汽车制造公司等侵害技术秘密纠纷案 ………………………………………………… 136
- 甲化工公司诉乙化工公司等侵害技术秘密纠纷案 …… 136
- 某集团等诉化工公司等侵害商业秘密纠纷案 ………… 137
- 亚组委诉置业公司、科技公司侵害特殊标志专有权纠纷案 ………………………………………………………… 137
- 墨业公司诉高某、艺术公司侵害商业秘密纠纷案 …… 137
- 区市场监督管理局查处电子商务公司实施混淆行为案 …… 139
- 王某刚虚假宣传案 ……………………………………… 141
- 网络科技公司组织虚假交易帮助其他经营者进行虚假商业宣传等案 …………………………………………… 142
- 科技公司对商品的用户评价作虚假的商业宣传案 …… 142
- 吴某清通过组织虚假交易方式帮助其他经营者进行虚假或者引人误解的商业宣传案 …………………………… 143
- 广告公司为其他经营者作虚假或者引人误解的商业宣传案 ………………………………………………………… 143
- 贸易公司虚假宣传案 …………………………………… 144
- 区市场监督管理局查处网络公司帮助虚假宣传案 …… 144
- 某市市场监督管理局查处珠宝公司直播销售翡翠原石虚假宣传案 ………………………………………………… 144
- 娱乐传媒公司诉软件公司不正当竞争纠纷案 ………… 145
- 区市场监督管理局查处机床附件公司侵犯商业秘密案 …… 146
- 某市市场监督管理局某监管局查处陈某某侵犯商业秘密案 …… 146
- 区市场监督管理局查处张某等三人侵犯商业秘密案 ………… 146
- 区市场监督管理局查处董某侵犯商业秘密案 ………… 147
- 区市场监督管理局查处肖某及科技公司等主体侵犯商业秘密案 ………………………………………………… 147
- 区市场监督管理局查处智能科技公司侵犯商业秘密案 …… 147
- 某市市场监督管理局查处杨某某等主体侵犯商业秘密案 …… 148

- 某市市场监督管理局查处计算机软件公司利用网络技术实施不正当竞争案 ………………………………………… 153
- 区市场监督管理局查处网络科技公司妨碍、破坏其他经营者合法提供的网络产品或者服务正常运行案 ………… 153
- 网络科技公司不正当竞争案 …………………………………… 153
- 甲科技公司妨碍、破坏某短视频软件正常运行案 …………… 154
- 甲种业公司与乙种业公司侵害技术秘密纠纷案 ……………… 177
- 某集团、甲机械公司诉乙机械公司、机械制造公司、孙某良、印某洋、吴某坡侵害计算机软件著作权及侵害商业秘密纠纷案 ……………………………………………… 177

中华人民共和国反不正当竞争法

（1993年9月2日第八届全国人民代表大会常务委员会第三次会议通过　2017年11月4日第十二届全国人民代表大会常务委员会第三十次会议第一次修订　根据2019年4月23日第十三届全国人民代表大会常务委员会第十次会议《关于修改〈中华人民共和国建筑法〉等八部法律的决定》修正　2025年6月27日第十四届全国人民代表大会常务委员会第十六次会议第二次修订　2025年6月27日中华人民共和国主席令第50号公布　自2025年10月15日起施行）

目　　录

第一章　总　　则
第二章　不正当竞争行为
第三章　对涉嫌不正当竞争行为的调查
第四章　法律责任
第五章　附　　则

第一章　总　　则

第一条　立法目的①

为了促进社会主义市场经济健康发展，鼓励和保护公平竞争，预防和制止不正当竞争行为，保护经营者和消费者的合法权益，制定本法。

---

① 条文主旨为编者所加，全书同。

● 法　律

《反垄断法》①（2022年6月24日）

第1条　为了预防和制止垄断行为，保护市场公平竞争，鼓励创新，提高经济运行效率，维护消费者利益和社会公共利益，促进社会主义市场经济健康发展，制定本法。

第3条　本法规定的垄断行为包括：

（一）经营者达成垄断协议；

（二）经营者滥用市场支配地位；

（三）具有或者可能具有排除、限制竞争效果的经营者集中。

第二条　不正当竞争定义

经营者在生产经营活动中，应当遵循自愿、平等、公平、诚信的原则，遵守法律和商业道德，公平参与市场竞争。

本法所称的不正当竞争行为，是指经营者在生产经营活动中，违反本法规定，扰乱市场竞争秩序，损害其他经营者或者消费者的合法权益的行为。

本法所称的经营者，是指从事商品生产、经营或者提供服务（以下所称商品包括服务）的自然人、法人和非法人组织。

● 法　律

1.《行政处罚法》（2021年1月22日）

第3条　行政处罚的设定和实施，适用本法。

---

① 本书法律文件使用简称，以下不再标注。本书所示规范性文件的日期为该文件的通过、发布、修改后公布日期之一，以下不再标注。

● 司法解释及文件

2. 《最高人民法院关于适用〈中华人民共和国反不正当竞争法〉若干问题的解释》（2022 年 3 月 16 日）

第 1 条　经营者扰乱市场竞争秩序，损害其他经营者或者消费者合法权益，且属于违反反不正当竞争法第二章及专利法、商标法、著作权法等规定之外情形的，人民法院可以适用反不正当竞争法第二条予以认定。

第 2 条　与经营者在生产经营活动中存在可能的争夺交易机会、损害竞争优势等关系的市场主体，人民法院可以认定为反不正当竞争法第二条规定的"其他经营者"。

第 3 条　特定商业领域普遍遵循和认可的行为规范，人民法院可以认定为反不正当竞争法第二条规定的"商业道德"。

人民法院应当结合案件具体情况，综合考虑行业规则或者商业惯例、经营者的主观状态、交易相对人的选择意愿、对消费者权益、市场竞争秩序、社会公共利益的影响等因素，依法判断经营者是否违反商业道德。

人民法院认定经营者是否违反商业道德时，可以参考行业主管部门、行业协会或者自律组织制定的从业规范、技术规范、自律公约等。

● 案例指引

1. **教育管理集团等与教育集团等侵害商标权及不正当竞争纠纷案**（《最高人民法院公报》2025 年第 3 期）

案例要旨：在竞价排名过程中，未经许可擅自将竞争对手的知名商标或企业字号、企业名称设置为关键词，进行"隐性使用"的行为，主观上具有攀附他人商誉的意图，客观上利用竞争对手知名商标或企业字号、企业名称的市场知名度和影响力，将原属于竞争对手的流量吸引至自身网站，从而获取竞争优势。此种参与竞争的方式和手段，不仅直接损害了竞争对手的权益，扰乱了正常的互联网竞争秩序，也对消费者权益及社会公共利益造成了损害，违反了诚实信用原则和商业道德准则，应当适用《反不正当竞争法》第2条第2款予以规制。

2. 计算机系统公司诉信息技术公司不正当竞争纠纷案（人民法院案例库 2024-09-2-488-006）①

裁判摘要： 记录在网络游戏账号之下的游戏币属于虚拟财产。网络游戏用户能支配和使用所注册账户的游戏币，并享有排除他人妨害的权利，包括运营商在内的其他人不得擅自对账号内的游戏币进行删除和篡改等。游戏用户享有对合法取得的游戏币进行交易的权利，但应受游戏规则和游戏运营周期的限制。对于通过非法行为获取的游戏币，游戏用户实施交易的相关利益不应得到保护。第三方交易平台明知可能存在利用外挂等破坏计算机程序的非法"打金"行为，仍提供游戏币交易服务，构成不正当竞争。

3. 科技公司等诉网络科技公司不正当竞争纠纷案（人民法院案例库 2024-09-2-488-001）

裁判摘要： 互联网企业实施《反不正当竞争法》第二章或《专利法》《著作权法》等知识产权专门法没有作出明确规定的不正当竞争行为的，人民法院可以适用《反不正当竞争法》第2条的规定予以审查。适用《反不正当竞争法》第2条认定不正当竞争行为，需要满足以下条件：一是法律对该竞争行为未作出特别规定；二是该竞争行为扰乱市场竞争秩序，损害其他经营者或者消费者合法权益；三是该竞争行为因违反诚实信用原则和公认的商业道德而具有不正当性。

---

① 参见人民法院案例库，https://rmfyalk.court.gov.cn/，2025年1月20日访问。

4. 信息科技公司诉科技公司网络不正当竞争纠纷案（人民法院案例库 2024-09-2-182-003）

裁判摘要：网络平台经营者为获取独家交易机会，综合运用调整收费优惠比例以及不允许附加服务、不签协议、强制关停网络店铺等惩罚性手段，诱导、强迫平台内商户不与其他平台合作的行为，违反诚实信用原则和互联网领域商业道德，剥夺平台内商户的自由选择权，侵害其他经营者和消费者的合法权益，减损社会福利，破坏开放、共享、公平、有序的互联网竞争秩序，构成不正当竞争行为。

5. 张某、张某甲、艺术开发公司诉张某乙、某陶艺厂、艺术品公司仿冒纠纷案（人民法院案例库 2023-09-2-173-005）

裁判摘要：具有较高知名度，用于指代特定人群以及该特定人群的技艺和作品的特定称谓，承载的商业价值极大，应当依法给予保护。在判断公开出版物记载内容的真实性时，要考虑出版物本身对真实性的要求、记载内容来源相同的不同出版物的相关内容是否一致、有无其他证据支持或者推翻相关记载内容等。在判断"行业（或商品）+姓氏"的称谓是否属于通用的称谓时，应当考虑该称谓是否属于仅有的称谓方法、该称谓所指的人物或者商品的来源是否特定、该称谓是否使用了文学上的比较手法等因素。

6. 某公司诉陶瓷公司等侵害商标权及不正当竞争纠纷案（人民法院案例库 2024-09-2-159-009）

裁判摘要：在网站、宣传手册以及销售凭证上使用与他人驰名商标近似的标识，会吸引公众的注意力，使相关公众产生误认，从而减弱他人驰名商标的显著性，使驰名商标权利人的利益可能受到损害，上述行为构成对他人驰名商标专用权的侵害。将他人驰名品牌与自己的产品相提并论的宣传方式，主观上具有借助他人商誉宣传自己产品并提高自身产品知名度的故意，违反了诚信原则以及公认的商业道德，构成不正当竞争。

第三条　党的领导

反不正当竞争工作坚持中国共产党的领导。

国家健全完善反不正当竞争规则制度，加强反不正当竞争执法司法，维护市场竞争秩序，健全统一、开放、竞争、有序的市场体系。

国家建立健全公平竞争审查制度，依法加强公平竞争审查工作，保障各类经营者依法平等使用生产要素、公平参与市场竞争。

● **行政法规及文件**

1. 《优化营商环境条例》（2019年10月22日）

第21条　政府有关部门应当加大反垄断和反不正当竞争执法力度，有效预防和制止市场经济活动中的垄断行为、不正当竞争行为以及滥用行政权力排除、限制竞争的行为，营造公平竞争的市场环境。

● **部门规章及文件**

2. 《市场监管总局关于贯彻落实〈优化营商环境条例〉的意见》（2019年12月30日）

二、依法平等保护各类市场主体，营造公平有序的市场竞争环境

6. 强化竞争政策基础地位。充分发挥竞争政策在结构性改革中的重要作用，全面实施公平竞争审查制度，加快构建全面覆盖、规则完备、权责明确、运行高效、监督有力的审查制度体系。建立面向各类市场主体的有违公平竞争问题的投诉举报和处理回应机制并及时向社会公布处理情况。

7. 加大反垄断和反不正当竞争执法力度。加强对垄断协议、滥用市场支配地位行为和滥用行政权力排除、限制竞争行为的调查，加

强经营者集中反垄断审查。对社会关注、群众关切的重点领域、重点行业存在的市场混淆、商业贿赂、虚假宣传、商业诋毁、侵犯商业秘密、不正当有奖销售、互联网不正当竞争行为，加大监管执法力度。

8. 严厉打击知识产权侵权假冒行为。组织开展商标、专利、地理标志侵权假冒专项执法，加大对侵权假冒重点区域、重点市场的案件查办和督查督办力度，推动跨区域执法协作。

9. 加强违规涉企收费治理。做好行政机关、事业单位、行业协会、中介机构、商业银行等领域涉企收费抽查工作，进一步推进涉企收费事项公开，强化收费公示及明码标价，会同有关部门加强收费监管立法、第三方评估等长效机制建设。

10. 依法规范公共服务。组织制定供水、供电、供气、供热等公用企事业单位服务质量信息公开规范，指导有关单位向社会公开服务质量信息并作出质量承诺。加快探索服务质量抽查评价制度，完善公共服务质量监测机制，对公用企事业单位服务质量承诺执行情况实施监督。推进质量认证体系建设，按照市场规则开展社会通用的认证活动，推动认证结果广泛采信。

第四条　政府职责

各级人民政府应当采取措施，预防和制止不正当竞争行为，为公平竞争创造良好的环境和条件。

国务院建立健全反不正当竞争工作协调机制，协调处理维护市场竞争秩序的重大问题。

第五条　主管部门

县级以上人民政府履行市场监督管理职责的部门对不正当竞争行为进行监督检查；法律、行政法规规定由其他部门监督检查的，依照其规定。

● 法　律

1. 《商业银行法》（2015 年 8 月 29 日）

第 74 条　商业银行有下列情形之一，由国务院银行业监督管理机构责令改正，有违法所得的，没收违法所得，违法所得五十万元以上的，并处违法所得一倍以上五倍以下罚款；没有违法所得或者违法所得不足五十万元的，处五十万元以上二百万元以下罚款；情节特别严重或者逾期不改正的，可以责令停业整顿或者吊销其经营许可证；构成犯罪的，依法追究刑事责任：

（一）未经批准设立分支机构的；

（二）未经批准分立、合并或者违反规定对变更事项不报批的；

（三）违反规定提高或者降低利率以及采用其他不正当手段，吸收存款，发放贷款的；

（四）出租、出借经营许可证的；

（五）未经批准买卖、代理买卖外汇的；

（六）未经批准买卖政府债券或者发行、买卖金融债券的；

（七）违反国家规定从事信托投资和证券经营业务、向非自用不动产投资或者向非银行金融机构和企业投资的；

（八）向关系人发放信用贷款或者发放担保贷款的条件优于其他借款人同类贷款的条件的。

2. 《保险法》（2015 年 4 月 24 日）

第 161 条　保险公司有本法第一百一十六条规定行为之一的，由保险监督管理机构责令改正，处五万元以上三十万元以下的罚款；情节严重的，限制其业务范围、责令停止接受新业务或者吊销业务许可证。

3. 《证券法》（2019 年 12 月 28 日）

第 29 条 证券公司承销证券，应当对公开发行募集文件的真实性、准确性、完整性进行核查。发现有虚假记载、误导性陈述或者重大遗漏的，不得进行销售活动；已经销售的，必须立即停止销售活动，并采取纠正措施。

证券公司承销证券，不得有下列行为：

（一）进行虚假的或者误导投资者的广告宣传或者其他宣传推介活动；

（二）以不正当竞争手段招揽承销业务；

（三）其他违反证券承销业务规定的行为。

证券公司有前款所列行为，给其他证券承销机构或者投资者造成损失的，应当依法承担赔偿责任。

4. 《政府采购法》（2014 年 8 月 31 日）

第 77 条 供应商有下列情形之一的，处以采购金额千分之五以上千分之十以下的罚款，列入不良行为记录名单，在一至三年内禁止参加政府采购活动，有违法所得的，并处没收违法所得，情节严重的，由工商行政管理机关吊销营业执照；构成犯罪的，依法追究刑事责任：

（一）提供虚假材料谋取中标、成交的；

（二）采取不正当手段诋毁、排挤其他供应商的；

（三）与采购人、其他供应商或者采购代理机构恶意串通的；

（四）向采购人、采购代理机构行贿或者提供其他不正当利益的；

（五）在招标采购过程中与采购人进行协商谈判的；

（六）拒绝有关部门监督检查或者提供虚假情况的。

供应商有前款第（一）至（五）项情形之一的，中标、成交无效。

5. 《旅游法》（2018年10月26日）

第97条　旅行社违反本法规定，有下列行为之一的，由旅游主管部门或者有关部门责令改正，没收违法所得，并处五千元以上五万元以下罚款；违法所得五万元以上的，并处违法所得一倍以上五倍以下罚款；情节严重的，责令停业整顿或者吊销旅行社业务经营许可证；对直接负责的主管人员和其他直接责任人员，处二千元以上二万元以下罚款：

（一）进行虚假宣传，误导旅游者的；

（二）向不合格的供应商订购产品和服务的；

（三）未按照规定投保旅行社责任保险的。

6. 《电影产业促进法》（2016年11月7日）

第51条　电影发行企业、电影院等有制造虚假交易、虚报瞒报销售收入等行为，扰乱电影市场秩序的，由县级以上人民政府电影主管部门责令改正，没收违法所得，处五万元以上五十万元以下的罚款；违法所得五十万元以上的，处违法所得一倍以上五倍以下的罚款。情节严重的，责令停业整顿；情节特别严重的，由原发证机关吊销许可证。

电影院在向观众明示的电影开始放映时间之后至电影放映结束前放映广告的，由县级人民政府电影主管部门给予警告，责令改正；情节严重的，处一万元以上五万元以下的罚款。

● 行政法规及文件

7. 《电信条例》（2016年2月6日）

第71条　违反本条例第四十一条的规定，在电信业务经营活动中进行不正当竞争的，由国务院信息产业主管部门或者省、自治区、直辖市电信管理机构依据职权责令改正，处10万元以上100万元以下罚款；情节严重的，责令停业整顿。

8. 《彩票管理条例》（2009 年 5 月 4 日）

第 40 条　彩票发行机构、彩票销售机构有下列行为之一的，由财政部门责令改正；有违法所得的，没收违法所得；对直接负责的主管人员和其他直接责任人员，依法给予处分：

（一）采购不符合标准的彩票设备或者技术服务的；

（二）进行虚假性、误导性宣传的；

（三）以诋毁同业者等手段进行不正当竞争的；

（四）向未成年人销售彩票的；

（五）泄露彩票中奖者个人信息的；

（六）未将逾期未兑奖的奖金纳入彩票公益金的；

（七）未按规定上缴彩票公益金、彩票发行费中的业务费的。

第 41 条　彩票代销者有下列行为之一的，由民政部门、体育行政部门责令改正，处 2000 元以上 1 万元以下罚款；有违法所得的，没收违法所得：

（一）委托他人代销彩票或者转借、出租、出售彩票投注专用设备的；

（二）进行虚假性、误导性宣传的；

（三）以诋毁同业者等手段进行不正当竞争的；

（四）向未成年人销售彩票的；

（五）以赊销或者信用方式销售彩票的。

彩票代销者有前款行为受到处罚的，彩票发行机构、彩票销售机构有权解除彩票代销合同。

9. 《对外承包工程管理条例》（2017 年 3 月 1 日）

第 26 条　对外承包工程的单位以投标、议标方式参与报价金额在国务院商务主管部门和国务院财政部门等有关部门规定标准以上的工程项目的，其银行保函的出具等事项，依照国务院商务主管部门和国务院财政部门等有关部门的规定办理。

第六条 社会监督

国家鼓励、支持和保护一切组织和个人对不正当竞争行为进行社会监督。

国家机关及其工作人员不得支持、包庇不正当竞争行为。

行业组织应当加强行业自律,引导、规范本行业的经营者依法竞争,维护市场竞争秩序。

第二章 不正当竞争行为

第七条 禁止混淆

经营者不得实施下列混淆行为,引人误认为是他人商品或者与他人存在特定联系:

(一)擅自使用与他人有一定影响的商品名称、包装、装潢等相同或者近似的标识;

(二)擅自使用他人有一定影响的名称(包括简称、字号等)、姓名(包括笔名、艺名、网名、译名等);

(三)擅自使用他人有一定影响的域名主体部分、网站名称、网页、新媒体账号名称、应用程序名称或者图标等;

(四)其他足以引人误认为是他人商品或者与他人存在特定联系的混淆行为。

擅自将他人注册商标、未注册的驰名商标作为企业名称中的字号使用,或者将他人商品名称、企业名称(包括简称、字号等)、注册商标、未注册的驰名商标等设置为搜索关键词,引人误认为是他人商品或者与他人存在特定联系的,属于前款规定的混淆行为。

经营者不得帮助他人实施混淆行为。

● 法　律

1.《民法典》(2020年5月28日)

第1012条　自然人享有姓名权,有权依法决定、使用、变更或者许可他人使用自己的姓名,但是不得违背公序良俗。

第1013条　法人、非法人组织享有名称权,有权依法决定、使用、变更、转让或者许可他人使用自己的名称。

第1017条　具有一定社会知名度,被他人使用足以造成公众混淆的笔名、艺名、网名、译名、字号、姓名和名称的简称等,参照适用姓名权和名称权保护的有关规定。

2.《商标法》(2019年4月23日)

第57条　有下列行为之一的,均属侵犯注册商标专用权:

(一)未经商标注册人的许可,在同一种商品上使用与其注册商标相同的商标的;

(二)未经商标注册人的许可,在同一种商品上使用与其注册商标近似的商标,或者在类似商品上使用与其注册商标相同或者近似的商标,容易导致混淆的;

(三)销售侵犯注册商标专用权的商品的;

(四)伪造、擅自制造他人注册商标标识或者销售伪造、擅自制造的注册商标标识的;

(五)未经商标注册人同意,更换其注册商标并将该更换商标的商品又投入市场的;

(六)故意为侵犯他人商标专用权行为提供便利条件,帮助他人实施侵犯商标专用权行为的;

(七)给他人的注册商标专用权造成其他损害的。

第58条　将他人注册商标、未注册的驰名商标作为企业名称中的字号使用,误导公众,构成不正当竞争行为的,依照《中华人民共和国反不正当竞争法》处理。

3. **《产品质量法》**（2018年12月29日）

第5条 禁止伪造或者冒用认证标志等质量标志；禁止伪造产品的产地，伪造或者冒用他人的厂名、厂址；禁止在生产、销售的产品中掺杂、掺假，以假充真，以次充好。

第31条 生产者不得伪造或者冒用认证标志等质量标志。

第32条 生产者生产产品，不得掺杂、掺假，不得以假充真、以次充好，不得以不合格产品冒充合格产品。

第38条 销售者不得伪造或者冒用认证标志等质量标志。

第39条 销售者销售产品，不得掺杂、掺假，不得以假充真、以次充好，不得以不合格产品冒充合格产品。

第50条 在产品中掺杂、掺假，以假充真，以次充好，或者以不合格产品冒充合格产品的，责令停止生产、销售，没收违法生产、销售的产品，并处违法生产、销售产品货值金额百分之五十以上三倍以下的罚款；有违法所得的，并处没收违法所得；情节严重的，吊销营业执照；构成犯罪的，依法追究刑事责任。

第53条 伪造产品产地的，伪造或者冒用他人厂名、厂址的，伪造或者冒用认证标志等质量标志的，责令改正，没收违法生产、销售的产品，并处违法生产、销售产品货值金额等值以下的罚款；有违法所得的，并处没收违法所得；情节严重的，吊销营业执照。

4. **《消费者权益保护法》**（2013年10月25日）

第8条 消费者享有知悉其购买、使用的商品或者接受的服务的真实情况的权利。

消费者有权根据商品或者服务的不同情况，要求经营者提供商品的价格、产地、生产者、用途、性能、规格、等级、主要成份、生产日期、有效期限、检验合格证明、使用方法说明书、售后服务，或者服务的内容、规格、费用等有关情况。

第56条 经营者有下列情形之一，除承担相应的民事责任外，其他有关法律、法规对处罚机关和处罚方式有规定的，依照法律、法规的规定执行；法律、法规未作规定的，由工商行政管理部门或者其他有关行政部门责令改正，可以根据情节单处或者并处警告、没收违法所得、处以违法所得一倍以上十倍以下的罚款，没有违法所得的，处以五十万元以下的罚款；情节严重的，责令停业整顿、吊销营业执照：

（一）提供的商品或者服务不符合保障人身、财产安全要求的；

（二）在商品中掺杂、掺假，以假充真，以次充好，或者以不合格商品冒充合格商品的；

（三）生产国家明令淘汰的商品或者销售失效、变质的商品的；

（四）伪造商品的产地，伪造或者冒用他人的厂名、厂址，篡改生产日期，伪造或者冒用认证标志等质量标志的；

（五）销售的商品应当检验、检疫而未检验、检疫或者伪造检验、检疫结果的；

（六）对商品或者服务作虚假或者引人误解的宣传的；

（七）拒绝或者拖延有关行政部门责令对缺陷商品或者服务采取停止销售、警示、召回、无害化处理、销毁、停止生产或者服务等措施的；

（八）对消费者提出的修理、重作、更换、退货、补足商品数量、退还货款和服务费用或者赔偿损失的要求，故意拖延或者无理拒绝的；

（九）侵害消费者人格尊严、侵犯消费者人身自由或者侵害消费者个人信息依法得到保护的权利的；

（十）法律、法规规定的对损害消费者权益应当予以处罚的其他情形。

经营者有前款规定情形的，除依照法律、法规规定予以处罚外，处罚机关应当记入信用档案，向社会公布。

● **行政法规及文件**

5. **《认证认可条例》**（2023 年 7 月 20 日）

第 24 条 获得认证证书的，应当在认证范围内使用认证证书和认证标志，不得利用产品、服务认证证书、认证标志和相关文字、符号，误导公众认为其管理体系已通过认证，也不得利用管理体系认证证书、认证标志和相关文字、符号，误导公众认为其产品、服务已通过认证。

第 60 条 认证机构有下列情形之一的，责令限期改正；逾期未改正的，处 2 万元以上 10 万元以下的罚款：

（一）以委托人未参加认证咨询或者认证培训等为理由，拒绝提供本认证机构业务范围内的认证服务，或者向委托人提出与认证活动无关的要求或者限制条件的；

（二）自行制定的认证标志的式样、文字和名称，与国家推行的认证标志相同或者近似，或者妨碍社会管理，或者有损社会道德风尚的；

（三）未公开认证基本规范、认证规则、收费标准等信息的；

（四）未对认证过程作出完整记录，归档留存的；

（五）未及时向其认证的委托人出具认证证书的。

与认证有关的检查机构、实验室未对与认证有关的检查、检测过程作出完整记录，归档留存的，依照前款规定处罚。

6. **《商标法实施条例》**（2014 年 4 月 29 日）

第 75 条 为侵犯他人商标专用权提供仓储、运输、邮寄、印制、隐匿、经营场所、网络商品交易平台等，属于商标法第五十七条第六项规定的提供便利条件。

第 76 条 在同一种商品或者类似商品上将与他人注册商标相同或者近似的标志作为商品名称或者商品装潢使用，误导公众的，属于商标法第五十七条第二项规定的侵犯注册商标专用权的行为。

第77条　对侵犯注册商标专用权的行为，任何人可以向工商行政管理部门投诉或者举报。

第78条　计算商标法第六十条规定的违法经营额，可以考虑下列因素：

（一）侵权商品的销售价格；

（二）未销售侵权商品的标价；

（三）已查清侵权商品实际销售的平均价格；

（四）被侵权商品的市场中间价格；

（五）侵权人因侵权所产生的营业收入；

（六）其他能够合理计算侵权商品价值的因素。

第79条　下列情形属于商标法第六十条规定的能证明该商品是自己合法取得的情形：

（一）有供货单位合法签章的供货清单和货款收据且经查证属实或者供货单位认可的；

（二）有供销双方签订的进货合同且经查证已真实履行的；

（三）有合法进货发票且发票记载事项与涉案商品对应的；

（四）其他能够证明合法取得涉案商品的情形。

第80条　销售不知道是侵犯注册商标专用权的商品，能证明该商品是自己合法取得并说明提供者的，由工商行政管理部门责令停止销售，并将案件情况通报侵权商品提供者所在地工商行政管理部门。

第81条　涉案注册商标权属正在商标局、商标评审委员会审理或者人民法院诉讼中，案件结果可能影响案件定性的，属于商标法第六十二条第三款规定的商标权属存在争议。

第82条　在查处商标侵权案件过程中，工商行政管理部门可以要求权利人对涉案商品是否为权利人生产或者其许可生产的产品进行辨认。

● 部门规章及文件

7.《中华人民共和国国家工商行政管理局关于禁止仿冒知名商品特有的名称、包装、装潢的不正当竞争行为的若干规定》（1995年7月6日）

第1条 为了制止仿冒知名商品特有的名称、包装、装潢的不正当竞争行为，根据《中华人民共和国反不正当竞争法》（以下简称《反不正当竞争法》）的有关规定，制定本规定。

第2条 仿冒知名商品特有的名称、包装、装潢的不正当竞争行为，是指违反《反不正当竞争法》第五条第（二）项规定，擅自将他人知名商品特有的商品名称、包装、装潢作相同或者近似使用，造成与他人的知名商品相混淆，使购买者误认为是该知名商品的行为。

前款所称使购买者误认为是该知名商品，包括足以使购买者误认为是该知名商品。

第3条 本规定所称知名商品，是指在市场上具有一定知名度，为相关公众所知悉的商品。

本规定所称特有，是指商品名称、包装、装潢非为相关商品所通用，并具有显著的区别性特征。

本规定所称知名商品特有的名称，是指知名商品独有的与通用名称有显著区别的商品名称。但该名称已经作为商标注册的除外。

本规定所称包装，是指为识别商品以及方便携带、储运而使用在商品上的辅助物和容器。

本规定所称装潢，是指为识别与美化商品而在商品或者其包装上附加的文字、图案、色彩及其排列组合。

第4条 商品名称、包装、装潢被他人擅自作相同或者近似使用，足以造成购买者误认的，该商品即可认定为知名商品。

特有的商品名称、包装、装潢应当依照使用在先的原则予以认定。

第5条　对使用与知名商品近似的名称、包装、装潢，可以根据主要部分和整体印象相近，一般购买者施以普通注意力会发生误认等综合分析认定。

一般购买者已经发生误认或者混淆的，可以认定为近似。

第6条　县级以上工商行政管理机关在监督检查仿冒知名商品特有的名称、包装、装潢的不正当竞争行为时，对知名商品和特有的名称、包装、装潢一并予以认定。

第7条　经营者有本规定第二条所列行为的，县级以上工商行政管理机关可以依据《反不正当竞争法》第二十一条第二款的规定对其进行处罚。

第8条　经营者有本规定第二条所列行为的，工商行政管理机关除依前条规定予以处罚外，对侵权物品可作如下处理：

（一）收缴并销毁或者责令并监督侵权人销毁尚未使用的侵权的包装和装潢；

（二）责令并监督侵权人消除现存商品上侵权的商品名称、包装和装潢；

（三）收缴直接专门用于印制侵权的商品包装和装潢的模具、印板和其他作案工具；

（四）采取前三项措施不足以制止侵权行为的，或者侵权的商品名称、包装和装潢与商品难以分离的，责令并监督侵权人销毁侵权物品。

第9条　销售明知或者应知是仿冒知名商品特有的名称、包装、装潢的商品的，比照本规定第七条、第八条的规定予以处罚。

第10条　知名商品经营者已经取得专利的知名商品特有的包装、装潢被仿冒的，工商行政管理机关可以依据《反不正当竞争法》及本规定对侵权人予以处罚。

第11条　本规定自发布之日起施行。

8.《市场监管总局办公厅关于坚决清理整治知名医院被冒牌问题的通知》(2021年2月8日)

二、严厉打击医疗领域不正当竞争行为和价格违法行为。重点打击仿冒混淆、虚假宣传等不正当竞争行为，对企业名称违反《反不正当竞争法》第六条规定的，责令其及时办理名称变更登记，名称变更前，以统一社会信用代码代替其名称。对在商品上使用"协和"等知名医院商标、字号等商业标识，引人误认为是知名医院商品或者与知名医院存在特定联系的行为，集中进行部署查处。依照价格法等相关法律法规，加强对营利性医疗机构收费行为的监督检查，重点检查医疗服务、药品及医用材料未按照规定明码标价、价格欺诈等价格违法行为。

三、严厉打击发布虚假违法医疗广告行为。各地市场监管部门要依照《广告法》《医疗广告管理办法》的规定，强化医疗广告监管执法，对于医疗机构擅自使用"协和"等知名医院名称标识的，或利用违规名称发布虚假广告、欺骗或者诱导患者、夸大病情或者疗效的，要加大打击力度。严厉打击虚假违法医疗广告，情节严重的，除依法处罚外，还要及时向卫生健康行政部门通报有关情况。严厉查处未经审查或未按审查批准文件发布医疗广告的行为。严厉查处在广告中利用患者、医护人员、医学教育科研机构及人员的名义或形象作证明的行为。

四、严厉打击医疗机构商标侵权违法行为。加大对知名医院商标权利的保护力度，对于未经商标注册人许可，在同一种商品上使用与他人注册商标相同或近似的商标，在类似商品上使用与他人注册商标相同或近似的商标，以及未经商标注册人许可，使用与他人相同或近似的服务商标，容易导致混淆的，依照商标法有关规定严厉查处。

五、强化对医疗机构的信用监管。依法依规将营利性医疗机构等市场主体相关行政处罚、抽查检查结果等信息及时通过国家企业信用信息公示系统向社会公示，运用经营异常名录、严重违法失信企业名单以及失信联合惩戒等信用监管手段，发挥信用惩戒机制作用。

● 司法解释及文件

9.《最高人民法院关于适用〈中华人民共和国反不正当竞争法〉若干问题的解释》（2022 年 3 月 16 日）

第 4 条　具有一定的市场知名度并具有区别商品来源的显著特征的标识，人民法院可以认定为反不正当竞争法第六条规定的"有一定影响的"标识。

人民法院认定反不正当竞争法第六条规定的标识是否具有一定的市场知名度，应当综合考虑中国境内相关公众的知悉程度，商品销售的时间、区域、数额和对象，宣传的持续时间、程度和地域范围，标识受保护的情况等因素。

第 5 条　反不正当竞争法第六条规定的标识有下列情形之一的，人民法院应当认定其不具有区别商品来源的显著特征：

（一）商品的通用名称、图形、型号；

（二）仅直接表示商品的质量、主要原料、功能、用途、重量、数量及其他特点的标识；

（三）仅由商品自身的性质产生的形状，为获得技术效果而需有的商品形状以及使商品具有实质性价值的形状；

（四）其他缺乏显著特征的标识。

前款第一项、第二项、第四项规定的标识经过使用取得显著特征，并具有一定的市场知名度，当事人请求依据反不正当竞争法第六条规定予以保护的，人民法院应予支持。

第 6 条　因客观描述、说明商品而正当使用下列标识，当事人主张属于反不正当竞争法第六条规定的情形的，人民法院不予支持：

（一）含有本商品的通用名称、图形、型号；

（二）直接表示商品的质量、主要原料、功能、用途、重量、数量以及其他特点；

（三）含有地名。

第7条 反不正当竞争法第六条规定的标识或者其显著识别部分属于商标法第十条第一款规定的不得作为商标使用的标志，当事人请求依据反不正当竞争法第六条规定予以保护的，人民法院不予支持。

第8条 由经营者营业场所的装饰、营业用具的式样、营业人员的服饰等构成的具有独特风格的整体营业形象，人民法院可以认定为反不正当竞争法第六条第一项规定的"装潢"。

第9条 市场主体登记管理部门依法登记的企业名称，以及在中国境内进行商业使用的境外企业名称，人民法院可以认定为反不正当竞争法第六条第二项规定的"企业名称"。

有一定影响的个体工商户、农民专业合作社（联合社）以及法律、行政法规规定的其他市场主体的名称（包括简称、字号等），人民法院可以依照反不正当竞争法第六条第二项予以认定。

第10条 在中国境内将有一定影响的标识用于商品、商品包装或者容器以及商品交易文书上，或者广告宣传、展览以及其他商业活动中，用于识别商品来源的行为，人民法院可以认定为反不正当竞争法第六条规定的"使用"。

第11条 经营者擅自使用与他人有一定影响的企业名称（包括简称、字号等）、社会组织名称（包括简称等）、姓名（包括笔名、艺名、译名等）、域名主体部分、网站名称、网页等近似的标识，引人误认为是他人商品或者与他人存在特定联系，当事人主张属于反不正当竞争法第六条第二项、第三项规定的情形的，人民法院应予支持。

第12条 人民法院认定与反不正当竞争法第六条规定的

"有一定影响的"标识相同或者近似，可以参照商标相同或者近似的判断原则和方法。

反不正当竞争法第六条规定的"引人误认为是他人商品或者与他人存在特定联系"，包括误认为与他人具有商业联合、许可使用、商业冠名、广告代言等特定联系。

在相同商品上使用相同或者视觉上基本无差别的商品名称、包装、装潢等标识，应当视为足以造成与他人有一定影响的标识相混淆。

第13条　经营者实施下列混淆行为之一，足以引人误认为是他人商品或者与他人存在特定联系的，人民法院可以依照反不正当竞争法第六条第四项予以认定：

（一）擅自使用反不正当竞争法第六条第一项、第二项、第三项规定以外"有一定影响的"标识；

（二）将他人注册商标、未注册的驰名商标作为企业名称中的字号使用，误导公众。

第14条　经营者销售带有违反反不正当竞争法第六条规定的标识的商品，引人误认为是他人商品或者与他人存在特定联系，当事人主张构成反不正当竞争法第六条规定的情形的，人民法院应予支持。

销售不知道是前款规定的侵权商品，能证明该商品是自己合法取得并说明提供者，经营者主张不承担赔偿责任的，人民法院应予支持。

第15条　故意为他人实施混淆行为提供仓储、运输、邮寄、印制、隐匿、经营场所等便利条件，当事人请求依据民法典第一千一百六十九条第一款予以认定的，人民法院应予支持。

第25条　依据反不正当竞争法第六条的规定，当事人主张判令被告停止使用或者变更其企业名称的诉讼请求依法应予支持的，人民法院应当判令停止使用该企业名称。

10. 《最高人民法院关于审理商标民事纠纷案件适用法律若干问题的解释》（2020年12月29日）

为了正确审理商标纠纷案件，根据《中华人民共和国民法典》《中华人民共和国商标法》《中华人民共和国民事诉讼法》等法律的规定，就适用法律若干问题解释如下：

第1条　下列行为属于商标法第五十七条第（七）项规定的给他人注册商标专用权造成其他损害的行为：

（一）将与他人注册商标相同或者相近似的文字作为企业的字号在相同或者类似商品上突出使用，容易使相关公众产生误认的；

（二）复制、摹仿、翻译他人注册的驰名商标或其主要部分在不相同或者不相类似商品上作为商标使用，误导公众，致使该驰名商标注册人的利益可能受到损害的；

（三）将与他人注册商标相同或者相近似的文字注册为域名，并且通过该域名进行相关商品交易的电子商务，容易使相关公众产生误认的。

第2条　依据商标法第十三条第二款的规定，复制、摹仿、翻译他人未在中国注册的驰名商标或其主要部分，在相同或者类似商品上作为商标使用，容易导致混淆的，应当承担停止侵害的民事法律责任。

第3条　商标法第四十三条规定的商标使用许可包括以下三类：

（一）独占使用许可，是指商标注册人在约定的期间、地域和以约定的方式，将该注册商标仅许可一个被许可人使用，商标注册人依约定不得使用该注册商标；

（二）排他使用许可，是指商标注册人在约定的期间、地域和以约定的方式，将该注册商标仅许可一个被许可人使用，商标注册人依约定可以使用该注册商标但不得另行许可他人使用该注

册商标;

（三）普通使用许可，是指商标注册人在约定的期间、地域和以约定的方式，许可他人使用其注册商标，并可自行使用该注册商标和许可他人使用其注册商标。

第4条　商标法第六十条第一款规定的利害关系人，包括注册商标使用许可合同的被许可人、注册商标财产权利的合法继承人等。

在发生注册商标专用权被侵害时，独占使用许可合同的被许可人可以向人民法院提起诉讼；排他使用许可合同的被许可人可以和商标注册人共同起诉，也可以在商标注册人不起诉的情况下，自行提起诉讼；普通使用许可合同的被许可人经商标注册人明确授权，可以提起诉讼。

第5条　商标注册人或者利害关系人在注册商标续展宽展期内提出续展申请，未获核准前，以他人侵犯其注册商标专用权提起诉讼的，人民法院应当受理。

第6条　因侵犯注册商标专用权行为提起的民事诉讼，由商标法第十三条、第五十七条所规定侵权行为的实施地、侵权商品的储藏地或者查封扣押地、被告住所地人民法院管辖。

前款规定的侵权商品的储藏地，是指大量或者经常性储存、隐匿侵权商品所在地；查封扣押地，是指海关等行政机关依法查封、扣押侵权商品所在地。

第7条　对涉及不同侵权行为实施地的多个被告提起的共同诉讼，原告可以选择其中一个被告的侵权行为实施地人民法院管辖；仅对其中某一被告提起的诉讼，该被告侵权行为实施地的人民法院有管辖权。

第8条　商标法所称相关公众，是指与商标所标识的某类商品或者服务有关的消费者和与前述商品或者服务的营销有密切关系的其他经营者。

第 9 条　商标法第五十七条第（一）（二）项规定的商标相同，是指被控侵权的商标与原告的注册商标相比较，二者在视觉上基本无差别。

商标法第五十七条第（二）项规定的商标近似，是指被控侵权的商标与原告的注册商标相比较，其文字的字形、读音、含义或者图形的构图及颜色，或者其各要素组合后的整体结构相似，或者其立体形状、颜色组合近似，易使相关公众对商品的来源产生误认或者认为其来源与原告注册商标的商品有特定的联系。

第 10 条　人民法院依据商标法第五十七条第（一）（二）项的规定，认定商标相同或者近似按照以下原则进行：

（一）以相关公众的一般注意力为标准；

（二）既要进行对商标的整体比对，又要进行对商标主要部分的比对，比对应当在比对对象隔离的状态下分别进行；

（三）判断商标是否近似，应当考虑请求保护注册商标的显著性和知名度。

第 11 条　商标法第五十七条第（二）项规定的类似商品，是指在功能、用途、生产部门、销售渠道、消费对象等方面相同，或者相关公众一般认为其存在特定联系、容易造成混淆的商品。

类似服务，是指在服务的目的、内容、方式、对象等方面相同，或者相关公众一般认为存在特定联系、容易造成混淆的服务。

商品与服务类似，是指商品和服务之间存在特定联系，容易使相关公众混淆。

第 12 条　人民法院依据商标法第五十七条第（二）项的规定，认定商品或者服务是否类似，应当以相关公众对商品或者服务的一般认识综合判断；《商标注册用商品和服务国际分类表》《类似商品和服务区分表》可以作为判断类似商品或者服务的参考。

第 13 条　人民法院依据商标法第六十三条第一款的规定确定侵权人的赔偿责任时，可以根据权利人选择的计算方法计算赔偿数额。

第14条　商标法第六十三条第一款规定的侵权所获得的利益，可以根据侵权商品销售量与该商品单位利润乘积计算；该商品单位利润无法查明的，按照注册商标商品的单位利润计算。

第15条　商标法第六十三条第一款规定的因被侵权所受到的损失，可以根据权利人因侵权所造成商品销售减少量或者侵权商品销售量与该注册商标商品的单位利润乘积计算。

第16条　权利人因被侵权所受到的实际损失、侵权人因侵权所获得的利益、注册商标使用许可费均难以确定的，人民法院可以根据当事人的请求或者依职权适用商标法第六十三条第三款的规定确定赔偿数额。

人民法院在适用商标法第六十三条第三款规定确定赔偿数额时，应当考虑侵权行为的性质、期间、后果，侵权人的主观过错程度，商标的声誉及制止侵权行为的合理开支等因素综合确定。

当事人按照本条第一款的规定就赔偿数额达成协议的，应当准许。

第17条　商标法第六十三条第一款规定的制止侵权行为所支付的合理开支，包括权利人或者委托代理人对侵权行为进行调查、取证的合理费用。

人民法院根据当事人的诉讼请求和案件具体情况，可以将符合国家有关部门规定的律师费用计算在赔偿范围内。

第18条　侵犯注册商标专用权的诉讼时效为三年，自商标注册人或者利害权利人知道或者应当知道权利受到损害以及义务人之日起计算。商标注册人或者利害关系人超过三年起诉的，如果侵权行为在起诉时仍在持续，在该注册商标专用权有效期限内，人民法院应当判决被告停止侵权行为，侵权损害赔偿数额应当自权利人向人民法院起诉之日起向前推算三年计算。

第19条　商标使用许可合同未经备案的，不影响该许可合同的效力，但当事人另有约定的除外。

第 20 条　注册商标的转让不影响转让前已经生效的商标使用许可合同的效力，但商标使用许可合同另有约定的除外。

第 21 条　人民法院在审理侵犯注册商标专用权纠纷案件中，依据民法典第一百七十九条、商标法第六十条的规定和案件具体情况，可以判决侵权人承担停止侵害、排除妨碍、消除危险、赔偿损失、消除影响等民事责任，还可以作出罚款，收缴侵权商品、伪造的商标标识和主要用于生产侵权商品的材料、工具、设备等财物的民事制裁决定。罚款数额可以参照商标法第六十条第二款的有关规定确定。

行政管理部门对同一侵犯注册商标专用权行为已经给予行政处罚的，人民法院不再予以民事制裁。

第 22 条　人民法院在审理商标纠纷案件中，根据当事人的请求和案件的具体情况，可以对涉及的注册商标是否驰名依法作出认定。

认定驰名商标，应当依照商标法第十四条的规定进行。

当事人对曾经被行政主管机关或者人民法院认定的驰名商标请求保护的，对方当事人对涉及的商标驰名不持异议，人民法院不再审查。提出异议的，人民法院依照商标法第十四条的规定审查。

第 23 条　本解释有关商品商标的规定，适用于服务商标。

第 24 条　以前的有关规定与本解释不一致的，以本解释为准。

11. 《最高人民法院关于审理涉及驰名商标保护的民事纠纷案件应用法律若干问题的解释》（2020 年 12 月 29 日）

为在审理侵犯商标权等民事纠纷案件中依法保护驰名商标，根据《中华人民共和国商标法》《中华人民共和国反不正当竞争法》《中华人民共和国民事诉讼法》等有关法律规定，结合审判实际，制定本解释。

第1条 本解释所称驰名商标，是指在中国境内为相关公众所熟知的商标。

第2条 在下列民事纠纷案件中，当事人以商标驰名作为事实根据，人民法院根据案件具体情况，认为确有必要的，对所涉商标是否驰名作出认定：

（一）以违反商标法第十三条的规定为由，提起的侵犯商标权诉讼；

（二）以企业名称与其驰名商标相同或者近似为由，提起的侵犯商标权或者不正当竞争诉讼；

（三）符合本解释第六条规定的抗辩或者反诉的诉讼。

第3条 在下列民事纠纷案件中，人民法院对于所涉商标是否驰名不予审查：

（一）被诉侵犯商标权或者不正当竞争行为的成立不以商标驰名为事实根据的；

（二）被诉侵犯商标权或者不正当竞争行为因不具备法律规定的其他要件而不成立的。

原告以被告注册、使用的域名与其注册商标相同或者近似，并通过该域名进行相关商品交易的电子商务，足以造成相关公众误认为由，提起的侵权诉讼，按照前款第（一）项的规定处理。

第4条 人民法院认定商标是否驰名，应当以证明其驰名的事实为依据，综合考虑商标法第十四条第一款规定的各项因素，但是根据案件具体情况无需考虑该条规定的全部因素即足以认定商标驰名的情形除外。

第5条 当事人主张商标驰名的，应当根据案件具体情况，提供下列证据，证明被诉侵犯商标权或者不正当竞争行为发生时，其商标已属驰名：

（一）使用该商标的商品的市场份额、销售区域、利税等；

（二）该商标的持续使用时间；

(三) 该商标的宣传或者促销活动的方式、持续时间、程度、资金投入和地域范围;

(四) 该商标曾被作为驰名商标受保护的记录;

(五) 该商标享有的市场声誉;

(六) 证明该商标已属驰名的其他事实。

前款所涉及的商标使用的时间、范围、方式等,包括其核准注册前持续使用的情形。

对于商标使用时间长短、行业排名、市场调查报告、市场价值评估报告、是否曾被认定为著名商标等证据,人民法院应当结合认定商标驰名的其他证据,客观、全面地进行审查。

第6条 原告以被诉商标的使用侵犯其注册商标专用权为由提起民事诉讼,被告以原告的注册商标复制、摹仿或者翻译其在先未注册驰名商标为由提出抗辩或者提起反诉的,应当对其在先未注册商标驰名的事实负举证责任。

第7条 被诉侵犯商标权或者不正当竞争行为发生前,曾被人民法院或者行政管理部门认定驰名的商标,被告对该商标驰名的事实不持异议的,人民法院应当予以认定。被告提出异议的,原告仍应当对该商标驰名的事实负举证责任。

除本解释另有规定外,人民法院对于商标驰名的事实,不适用民事诉讼证据的自认规则。

第8条 对于在中国境内为社会公众所熟知的商标,原告已提供其商标驰名的基本证据,或者被告不持异议的,人民法院对该商标驰名的事实予以认定。

第9条 足以使相关公众对使用驰名商标和被诉商标的商品来源产生误认,或者足以使相关公众认为使用驰名商标和被诉商标的经营者之间具有许可使用、关联企业关系等特定联系的,属于商标法第十三条第二款规定的"容易导致混淆"。

足以使相关公众认为被诉商标与驰名商标具有相当程度的

联系，而减弱驰名商标的显著性、贬损驰名商标的市场声誉，或者不正当利用驰名商标的市场声誉的，属于商标法第十三条第三款规定的"误导公众，致使该驰名商标注册人的利益可能受到损害"。

第10条 原告请求禁止被告在不相类似商品上使用与原告驰名的注册商标相同或者近似的商标或者企业名称的，人民法院应当根据案件具体情况，综合考虑以下因素后作出裁判：

（一）该驰名商标的显著程度；

（二）该驰名商标在使用被诉商标或者企业名称的商品的相关公众中的知晓程度；

（三）使用驰名商标的商品与使用被诉商标或者企业名称的商品之间的关联程度；

（四）其他相关因素。

第11条 被告使用的注册商标违反商标法第十三条的规定，复制、摹仿或者翻译原告驰名商标，构成侵犯商标权的，人民法院应当根据原告的请求，依法判决禁止被告使用该商标，但被告的注册商标有下列情形之一的，人民法院对原告的请求不予支持：

（一）已经超过商标法第四十五条第一款规定的请求宣告无效期限的；

（二）被告提出注册申请时，原告的商标并不驰名的。

第12条 当事人请求保护的未注册驰名商标，属于商标法第十条、第十一条、第十二条规定不得作为商标使用或者注册情形的，人民法院不予支持。

第13条 在涉及驰名商标保护的民事纠纷案件中，人民法院对于商标驰名的认定，仅作为案件事实和判决理由，不写入判决主文；以调解方式审结的，在调解书中对商标驰名的事实不予认定。

第 14 条 本院以前有关司法解释与本解释不一致的，以本解释为准。

● 案例指引

1. 甲公司、乙公司与电器公司、龚某等侵害商标权及不正当竞争纠纷案（《最高人民法院公报》2024 年第 9 期）

案例要旨：将与他人有一定影响的企业名称中的字号及他人的注册商标作为自身商标及字号使用，构成商标侵权及不正当竞争行为。在被诉侵权人拒不提交相关财务证据的情况下，可以参考权利人的主张和提供的证据判定赔偿数额；在案证据足以认定侵权人因侵权获得的利益明显超过《反不正当竞争法》规定的法定赔偿最高限额时，人民法院应当综合考虑被侵权人的知名度、侵权人的主观恶意程度、侵权行为的具体情节以及被侵权人为维权支出的合理费用等因素，在法定赔偿额以上确定赔偿数额。

2. 甲文化传媒公司诉游某梅、乙文化传媒公司不正当竞争纠纷案（人民法院案例库 2023-09-2-488-017）

裁判摘要：具有大量粉丝的网络直播账号之权属纠纷，本质上是账号所代表市场经济价值的归属之争。在确定网络直播账号归属时，当事人有明确约定则从约定；如无约定，除考虑网络直播账号名义上的注册人外，还应考虑账号注册、使用、管理和收益的实际情况，按照诚信原则和公平原则合理确定账号的归属。对于按照公司意志，以个人名义注册而由公司使用、管理和收益的网络直播账号，双方未对账号权属有明确约定时，可以认定该账号归属于公司。

3. 电子商务公司诉科技公司著作权侵权纠纷案（人民法院案例库 2023-09-2-158-025）

裁判摘要：审查利用公有领域素材加工、创作形成的作品是否享有著作权时，应着重审查该作品是否体现了创作者对公有领域元素内容的取舍、选择和安排，融入了作者个性化的构思和意志，是否具有独创性的表达。对本身包含公有领域元素的作品进行保护时，既应当注意保护作品作者对作品的创新，又应当注意保护其他创作者对公有领域素材的合理使用。

4. 投资发展公司诉投资公司仿冒纠纷案（人民法院案例库 2023-09-2-173-012）

裁判摘要：在中国境内具有一定的市场知名度，为相关公众所知悉的商品，应当认定为知名商品。知名商品的认定，应当考虑该商品的销售时间、销售区域、销售额等，商品宣传的持续时间、程度和地域范围，进行综合判断。同类商品经营者擅自使用知名商品特有的名称、包装、装潢，或者使用与知名商品近似的名称、包装、装潢，造成和他人的知名商品相混淆，使购买者误认为是该知名商品的，构成不正当竞争。

5. 甲环保科技公司诉乙环保科技公司商标权权属、侵权及不正当竞争纠纷案（人民法院案例库 2023-09-2-159-003）

裁判摘要：在权利人主张被控侵权人生产、销售的商品构成侵犯注册商标专用权且被控侵权人擅自使用与其有一定影响的包装、装潢相同或者近似的标识，构成不正当竞争时，一方面，需要将被控侵权商标与权利人的注册商标进行比对以判断是否构成侵害注册商标专用权。另一方面，需要对被控侵权人生产、销售的商品上使用的标识是否与权利人有一定影响的包装、装潢相同或者近似进行判断。在此情况下，如权利人将其注册商标使用在商品包装上，整体上与其他要素结合成为有一定影响的包装装潢时，须将其注册商标作为包装、装潢的组成部分与被控侵权人商品上使用的相关标识进行比对。

6. 网络技术公司诉科技公司、电子商务公司不正当竞争纠纷案（人民法院案例库 2023-09-2-488-015）

裁判摘要：《反不正当竞争法》的适用无须以原被告处于完全相同的行业或存在狭义、直接的竞争关系为前提；只要被诉行为有可能属于经营者在生产经营活动中，违反该法规定扰乱市场竞争秩序，损害其他经营者或者消费者的合法权益之行为，即可适用该法予以评判。《反不正当竞争法》第 7 条第 4 项的适用主要包括相关标识无法纳入前三项的控制范围、整体性混淆行为及商业标识权利冲突造成的市场混淆行为等，只要其能够与该商品或服务及其提供者建立起特定的联系，且具有一定的影响，即应被纳入第 7 条所规定的权益保护范围之内。适用第 7 条的要件之一系产生混淆结果，不仅包括最常见和最基本的商品或服务商业来源的混淆，即认为由同一生产者生产，也包括关联关系的混淆，即认为两个经营者之间系关联公司，亦包括认可关系的混淆，即认为两个经营者之间就相关商品或服务存在许可或合作关系。

7. 餐饮公司诉某餐馆仿冒纠纷案（人民法院案例库 2023-09-2-173-009）

裁判摘要：由营业场所的装饰、营业用具的样式、营业人员的服饰、店面风格等元素组成并可与其他服务来源形成区分的整体营业形象，属于《反不正当竞争法》第 7 条第 2 项规定的"装潢"。如果装潢经过经营者的使用，与其所依附的服务已产生紧密联系并使该服务具有一定市场影响，能够用于区分服务来源的，受反不正当竞争法的保护。第 7 条第 1 项规定了构成侵害他人服务装潢合法权益的不正当竞争构成要件，人民法院应当审查装潢所依附服务的知名度状况、装潢是否具有显著性、被诉侵权行为是否容易导致相关公众对服务来源产生混淆或误认、被诉侵权行为人是否存在主观过错等因素，据此综合判断。

8. 甲生物工程公司诉乙生物工程公司等仿冒纠纷案（人民法院案例库 2023-09-2-173-010）

裁判摘要：知名商品的特有名称具有区别商品来源的特性，能够成为某一市场主体享有合法权益的"特有名称"。对于本身具有描述商品功能和用途的商品名称而言，要成为"特有名称"，需证明其通过使用、宣传形成了除该名称本身所具有的含义之外的其他含义，可以区分商品来源。商品及其名称能否被认定为知名商品、特有名称主要取决于相关公众对于市场状况的认知情况，关于保健食品的命名规定并不能当然决定一商品名称是否为通用名称。

9. **文具制造公司诉制笔公司不正当竞争纠纷案**（人民法院案例库2023-09-2-488-007）

裁判摘要： 外观设计专利权终止后，该设计并不当然进入公有领域，在符合反不正当竞争法的保护条件时，它还可以受到该法的保护。商品的装潢不仅包含外在于商品之上的文字、图案、色彩及其排列组合，还包含内在于物品之中、属于物品本体但具有装饰作用的物品的整体或者局部外观构造。认定形状构造类装潢构成知名商品特有装潢，需要有更加充分的证据证明该种形状构造起到了区别商品来源的作用。这些条件一般至少包括：1. 该形状构造应该具有区别于一般常见设计的显著特征。2. 通过在市场上的使用，相关公众已经将该形状构造与特定生产者、提供者联系起来，即该形状构造通过使用获得了第二含义。

第八条　禁止商业贿赂

经营者不得采用给予财物或者其他手段贿赂下列单位或者个人，以谋取交易机会或者竞争优势：

（一）交易相对方的工作人员；

（二）受交易相对方委托办理相关事务的单位或者个人；

（三）利用职权或者影响力影响交易的单位或者个人。

前款规定的单位和个人不得收受贿赂。

经营者在交易活动中，可以以明示方式向交易相对方支付折扣，或者向中间人支付佣金。经营者向交易相对方支付折扣、向中间人支付佣金的，应当如实入账。接受折扣、佣金的经营者也应当如实入账。

经营者的工作人员进行贿赂的，应当认定为经营者的行为；但是，经营者有证据证明该工作人员的行为与为经营者谋取交易机会或者竞争优势无关的除外。

● 法　律

1.《刑法》（2023年12月29日）

第163条　公司、企业或者其他单位的工作人员，利用职务上的便利，索取他人财物或者非法收受他人财物，为他人谋取利益，数额较大的，处三年以下有期徒刑或者拘役，并处罚金；数额巨大或者有其他严重情节的，处三年以上十年以下有期徒刑，并处罚金；数额特别巨大或者有其他特别严重情节的，处十年以上有期徒刑或者无期徒刑，并处罚金。

公司、企业或者其他单位的工作人员在经济往来中，利用职务上的便利，违反国家规定，收受各种名义的回扣、手续费，归个人所有的，依照前款的规定处罚。

国有公司、企业或者其他国有单位中从事公务的人员和国有公司、企业或者其他国有单位委派到非国有公司、企业以及其他单位从事公务的人员有前两款行为的，依照本法第三百八十五条、第三百八十六条的规定定罪处罚。

第164条　为谋取不正当利益，给予公司、企业或者其他单位的工作人员以财物，数额较大的，处三年以下有期徒刑或者拘役，并处罚金；数额巨大的，处三年以上十年以下有期徒刑，并处罚金。

第385条　国家工作人员利用职务上的便利，索取他人财物的，或者非法收受他人财物，为他人谋取利益的，是受贿罪。

国家工作人员在经济往来中，违反国家规定，收受各种名义的回扣、手续费，归个人所有的，以受贿论处。

第386条　对犯受贿罪的，根据受贿所得数额及情节，依照本法第三百八十三条的规定处罚。索贿的从重处罚。

第387条 国家机关、国有公司、企业、事业单位、人民团体，索取、非法收受他人财物，为他人谋取利益，情节严重的，对单位判处罚金，并对其直接负责的主管人员和其他直接责任人员，处三年以下有期徒刑或者拘役；情节特别严重的，处三年以上十年以下有期徒刑。

前款所列单位，在经济往来中，在帐外暗中收受各种名义的回扣、手续费的，以受贿论，依照前款的规定处罚。

第388条 国家工作人员利用本人职权或者地位形成的便利条件，通过其他国家工作人员职务上的行为，为请托人谋取不正当利益，索取请托人财物或者收受请托人财物的，以受贿论处。

第388条之一 国家工作人员的近亲属或者其他与该国家工作人员关系密切的人，通过该国家工作人员职务上的行为，或者利用该国家工作人员职权或者地位形成的便利条件，通过其他国家工作人员职务上的行为，为请托人谋取不正当利益，索取请托人财物或者收受请托人财物，数额较大或者有其他较重情节的，处三年以下有期徒刑或者拘役，并处罚金；数额巨大或者有其他严重情节的，处三年以上七年以下有期徒刑，并处罚金；数额特别巨大或者有其他特别严重情节的，处七年以上有期徒刑，并处罚金或者没收财产。

离职的国家工作人员或者其近亲属以及其他与其关系密切的人，利用该离职的国家工作人员原职权或者地位形成的便利条件实施前款行为的，依照前款的规定定罪处罚。

第389条 为谋取不正当利益，给予国家工作人员以财物的，是行贿罪。

在经济往来中，违反国家规定，给予国家工作人员以财物，数额较大的，或者违反国家规定，给予国家工作人员以各种名义的回扣、手续费的，以行贿论处。

因被勒索给予国家工作人员以财物,没有获得不正当利益的,不是行贿。

第390条 对犯行贿罪的,处三年以下有期徒刑或者拘役,并处罚金;因行贿谋取不正当利益,情节严重的,或者使国家利益遭受重大损失的,处三年以上十年以下有期徒刑,并处罚金;情节特别严重的,或者使国家利益遭受特别重大损失的,处十年以上有期徒刑或者无期徒刑,并处罚金或者没收财产。

有下列情形之一的,从重处罚:

(一)多次行贿或者向多人行贿的;

(二)国家工作人员行贿的;

(三)在国家重点工程、重大项目中行贿的;

(四)为谋取职务、职级晋升、调整行贿的;

(五)对监察、行政执法、司法工作人员行贿的;

(六)在生态环境、财政金融、安全生产、食品药品、防灾救灾、社会保障、教育、医疗等领域行贿,实施违法犯罪活动的;

(七)将违法所得用于行贿的。

行贿人在被追诉前主动交待行贿行为的,可以从轻或者减轻处罚。其中,犯罪较轻的,对调查突破、侦破重大案件起关键作用的,或者有重大立功表现的,可以减轻或者免除处罚。

第390条之一 为谋取不正当利益,向国家工作人员的近亲属或者其他与该国家工作人员关系密切的人,或者向离职的国家工作人员或者其近亲属以及其他与其关系密切的人行贿的,处三年以下有期徒刑或者拘役,并处罚金;情节严重的,或者使国家利益遭受重大损失的,处三年以上七年以下有期徒刑,并处罚金;情节特别严重的,或者使国家利益遭受特别重大损失的,处七年以上十年以下有期徒刑,并处罚金。

单位犯前款罪的,对单位判处罚金,并对其直接负责的主管人员和其他直接责任人员,处三年以下有期徒刑或者拘役,并处罚金。

第391条　为谋取不正当利益，给予国家机关、国有公司、企业、事业单位、人民团体以财物的，或者在经济往来中，违反国家规定，给予各种名义的回扣、手续费的，处三年以下有期徒刑或者拘役，并处罚金；情节严重的，处三年以上七年以下有期徒刑，并处罚金。

单位犯前款罪的，对单位判处罚金，并对其直接负责的主管人员和其他直接责任人员，依照前款的规定处罚。

第392条　向国家工作人员介绍贿赂，情节严重的，处三年以下有期徒刑或者拘役，并处罚金。

介绍贿赂人在被追诉前主动交待介绍贿赂行为的，可以减轻处罚或者免除处罚。

第393条　单位为谋取不正当利益而行贿，或者违反国家规定，给予国家工作人员以回扣、手续费，情节严重的，对单位判处罚金，并对其直接负责的主管人员和其他直接责任人员，处三年以下有期徒刑或者拘役，并处罚金；情节特别严重的，处三年以上十年以下有期徒刑，并处罚金。因行贿取得的违法所得归个人所有的，依照本法第三百八十九条、第三百九十条的规定定罪处罚。

2.《公司法》（2023年12月29日）

第179条　董事、监事、高级管理人员应当遵守法律、行政法规和公司章程。

第180条　董事、监事、高级管理人员对公司负有忠实义务，应当采取措施避免自身利益与公司利益冲突，不得利用职权牟取不正当利益。

董事、监事、高级管理人员对公司负有勤勉义务，执行职务应当为公司的最大利益尽到管理者通常应有的合理注意。

公司的控股股东、实际控制人不担任公司董事但实际执行公司事务的,适用前两款规定。

第238条 清算组成员履行清算职责,负有忠实义务和勤勉义务。

清算组成员怠于履行清算职责,给公司造成损失的,应当承担赔偿责任;因故意或者重大过失给债权人造成损失的,应当承担赔偿责任。

3.《对外贸易法》(2022年12月30日)

第32条 在对外贸易经营活动中,不得实施以不正当的低价销售商品、串通投标、发布虚假广告、进行商业贿赂等不正当竞争行为。

在对外贸易经营活动中实施不正当竞争行为的,依照有关反不正当竞争的法律、行政法规的规定处理。

有前款违法行为,并危害对外贸易秩序的,国务院对外贸易主管部门可以采取禁止该经营者有关货物、技术进出口等措施消除危害。

4.《企业国有资产法》(2008年10月28日)

第26条 国家出资企业的董事、监事、高级管理人员,应当遵守法律、行政法规以及企业章程,对企业负有忠实义务和勤勉义务,不得利用职权收受贿赂或者取得其他非法收入和不当利益,不得侵占、挪用企业资产,不得超越职权或者违反程序决定企业重大事项,不得有其他侵害国有资产出资人权益的行为。

第71条 国家出资企业的董事、监事、高级管理人员有下列行为之一,造成国有资产损失的,依法承担赔偿责任;属于国家工作人员的,并依法给予处分:

(一)利用职权收受贿赂或者取得其他非法收入和不当利益的;

(二)侵占、挪用企业资产的;

(三)在企业改制、财产转让等过程中,违反法律、行政法规和公平交易规则,将企业财产低价转让、低价折股的;

（四）违反本法规定与本企业进行交易的；

（五）不如实向资产评估机构、会计师事务所提供有关情况和资料，或者与资产评估机构、会计师事务所串通出具虚假资产评估报告、审计报告的；

（六）违反法律、行政法规和企业章程规定的决策程序，决定企业重大事项的；

（七）有其他违反法律、行政法规和企业章程执行职务行为的。

国家出资企业的董事、监事、高级管理人员因前款所列行为取得的收入，依法予以追缴或者归国家出资企业所有。

履行出资人职责的机构任命或者建议任命的董事、监事、高级管理人员有本条第一款所列行为之一，造成国有资产重大损失的，由履行出资人职责的机构依法予以免职或者提出免职建议。

5. 《政府采购法》（2014年8月31日）

第72条 采购人、采购代理机构及其工作人员有下列情形之一，构成犯罪的，依法追究刑事责任；尚不构成犯罪的，处以罚款，有违法所得的，并处没收违法所得，属于国家机关工作人员的，依法给予行政处分：

（一）与供应商或者采购代理机构恶意串通的；

（二）在采购过程中接受贿赂或者获取其他不正当利益的；

（三）在有关部门依法实施的监督检查中提供虚假情况的；

（四）开标前泄露标底的。

6. 《药品管理法》（2019年8月26日）

第88条 禁止药品上市许可持有人、药品生产企业、药品经营企业和医疗机构在药品购销中给予、收受回扣或者其他不正当利益。

禁止药品上市许可持有人、药品生产企业、药品经营企业或者代理人以任何名义给予使用其药品的医疗机构的负责人、药品采购人员、医师、药师等有关人员财物或者其他不正当利益。禁止医疗机构的负责人、药品采购人员、医师、药师等有关人员以任何名义收受药品上市许可持有人、药品生产企业、药品经营企业或者代理人给予的财物或者其他不正当利益。

第141条 药品上市许可持有人、药品生产企业、药品经营企业或者医疗机构在药品购销中给予、收受回扣或者其他不正当利益的,药品上市许可持有人、药品生产企业、药品经营企业或者代理人给予使用其药品的医疗机构的负责人、药品采购人员、医师、药师等有关人员财物或者其他不正当利益的,由市场监督管理部门没收违法所得,并处三十万元以上三百万元以下的罚款;情节严重的,吊销药品上市许可持有人、药品生产企业、药品经营企业营业执照,并由药品监督管理部门吊销药品批准证明文件、药品生产许可证、药品经营许可证。

药品上市许可持有人、药品生产企业、药品经营企业在药品研制、生产、经营中向国家工作人员行贿的,对法定代表人、主要负责人、直接负责的主管人员和其他责任人员终身禁止从事药品生产经营活动。

第142条 药品上市许可持有人、药品生产企业、药品经营企业的负责人、采购人员等有关人员在药品购销中收受其他药品上市许可持有人、药品生产企业、药品经营企业或者代理人给予的财物或者其他不正当利益的,没收违法所得,依法给予处罚;情节严重的,五年内禁止从事药品生产经营活动。

医疗机构的负责人、药品采购人员、医师、药师等有关人员收受药品上市许可持有人、药品生产企业、药品经营企业或者代理人给予的财物或者其他不正当利益的,由卫生健康主管部门或者本单位给予处分,没收违法所得;情节严重的,还应当吊销其执业证书。

● 部门规章及文件

7.《国家工商行政管理局关于禁止商业贿赂行为的暂行规定》（1996年11月15日）

第1条 为制止商业贿赂行为，维护公平竞争秩序，根据《中华人民共和国反不正当竞争法》（以下简称《反不正当竞争法》）的有关规定，制定本规定。

第2条 经营者不得违反《反不正当竞争法》第八条规定，采用商业贿赂手段销售或者购买商品。

本规定所称商业贿赂，是指经营者为销售或者购买商品而采用财物或者其他手段贿赂对方单位或者个人的行为。

前款所称财物，是指现金和实物，包括经营者为销售或者购买商品，假借促销费、宣传费、赞助费、科研费、劳务费、咨询费、佣金等名义，或者以报销各种费用等方式，给付对方单位或者个人的财物。

第二款所称其他手段，是指提供国内外各种名义的旅游、考察等给付财物以外的其他利益的手段。

第3条 经营者的职工采用商业贿赂手段为经营者销售或者购买商品的行为，应当认定为经营者的行为。

第4条 任何单位或者个人在销售或者购买商品时不得收受或者索取贿赂。

第5条 在帐外暗中给予对方单位或者个人回扣的，以行贿论处；对方单位或者个人在帐外暗中收受回扣的，以受贿论处。

本规定所称回扣，是指经营者销售商品时在帐外暗中以现金、实行或者其他方式退给对方单位或者个人的一定比例的商品价款。

本规定所称帐外暗中，是指未在依法设立的反映其生产经营活动或者行政事业经费收支的财务帐上按照财务会计制度规定明确如实记载，包括不记入财务帐、转入其他财务帐或者做假帐等。

第6条 经营者销售商品，可以以明示方式给予对方折扣。经营者给予对方折扣的，必须如实入帐；经营者或者其他单位接受折扣的，必须如实入帐。

本规定所称折扣，即商品购销中的让利，是指经营者在销售商品时，以明示并如实入帐的方式给予对方的价格优惠，包括支付价款时对价款总额按一定比例即时予以扣除和支付价款总额后再按一定比例予以退还两种形式。

本规定所称明示和入帐，是指根据合同约定的金额和支付方式，在依法设立的反映其生产经营活动或者行政事业经费收支的财务帐上按照财务会计制度规定明确如实记载。

第7条 经营者销售或者购买商品，可以以明示方式给中间人佣金。经营者给中间人佣金的，必须如实入帐；中间人接受佣金的，必须如实入帐。

本规定所称佣金，是指经营者在市场交易中给予为其提供服务的具有合法经营资格中间人的劳务报酬。

第8条 经营者在商品交易中不得向对方单位或者其个人附赠现金或者物品。但按照商业惯例赠送小额广告礼品的除外。

违反前款规定的，视为商业贿赂行为。

第9条 经营者违反本规定以行贿手段销售或者购买商品的，由工商行政管理机关依照《反不正当竞争法》第二十二条的规定，根据情节处以一万元以上二十万元以下的罚款，有违法所得的，应当予以没收；构成犯罪的，移交司法机关依法追究刑事责任。

有关单位或者个人购买或者销售商品时收受贿赂的，由工商行政管理机关按照前款的规定处罚；构成犯罪的，移交司法机关依法追究刑事责任。

第10条 商业贿赂行为由县级以上工商行政管理机关监督

检查。

工商行政管理机关在监督检查商业贿赂行为时，可以对行贿行为和受贿行为一并予以调查处理。

第11条 经营者在以贿赂手段销售或者购买商品中，同时有其他违反工商行政管理法规行为的，对贿赂行为和其他违法行为应当一并处罚。

第12条 本规定自公布之日起施行。

8.《卫生部关于进一步深化治理医药购销领域商业贿赂工作的通知》（2010年6月21日）

各省、自治区、直辖市卫生厅局，新疆生产建设兵团卫生局，部直属各单位，部机关各司局：

自2006年以来，全国卫生系统按照中央统一部署，加强组织领导，采取有效措施，整体推进宣传教育、自查自纠、查办案件和长效机制建设，治理医药购销领域商业贿赂专项工作取得了阶段性明显成效，卫生系统广大干部职工的法制纪律观念、廉洁从业意识明显增强，医药购销秩序得到有效规范。但从近段时间发现和查处的商业贿赂问题来看，医药购销领域商业贿赂在一些地方和单位出现了反弹，而且形式更加多样，手段更加隐蔽，严重损害了人民群众的利益和卫生行业形象，影响十分恶劣。为巩固专项治理工作成果，净化医药卫生体制改革的社会环境，现就进一步深化治理医药购销领域商业贿赂工作提出如下要求：

一、进一步深化对治理医药购销领域商业贿赂工作的认识，切实增强工作的责任感和紧迫感

治理医药购销领域商业贿赂是卫生系统贯彻落实科学发展观的必然要求，是控制医药费用，缓解群众看病难、看病贵问题的实际行动，也是卫生系统反腐倡廉建设的重要任务。各级卫生行政部门和各级各类医疗卫生机构要充分认识专项治理工作的重要

性、艰巨性、长期性，克服懈怠和麻痹思想，尤其是在当前推进医改的关键时期，治理商业贿赂工作只能加强，不能削弱。要认真总结开展专项治理工作以来的经验和成效，查找问题和不足，明确形势和任务，进一步统一思想，提高认识，坚定信心，深入持久地抓好治理医药购销领域商业贿赂工作。

二、继续广泛开展宣传教育，牢固树立防止商业贿赂的思想道德和纪律法制防线

继续在广大医疗卫生从业人员中深入开展形式多样的宣传教育活动，增强教育的针对性和实效性。要深入开展理想宗旨、职业道德、人文医学和正面典型教育，弘扬大医精诚、仁心仁术、尊重生命、精益求精的新时期医疗卫生职业精神，树立正确的价值观、利益观，增强职业荣誉感和社会责任感，形成重服务、讲奉献、自觉抵制商业贿赂的良好风气。要加强法律法规教育和党纪政纪教育，尤其要加强对《刑法修正案（六）》和最高人民法院、最高人民检察院《关于办理商业贿赂刑事案件适用法律若干问题的意见》等法律法规的学习和宣传，引导广大医疗卫生从业人员强化法律意识、纪律观念，模范遵守法律法规和纪律规定，自觉抵制商业贿赂，依法依纪廉洁从业。要结合卫生系统和本地区查办的商业贿赂典型案件，深入开展警示教育，以案说法，警钟长鸣，充分发挥典型案件的警醒和震慑作用，增强医疗卫生从业人员廉洁从业、诚信守法的自觉性。

三、加大查办医药购销领域商业贿赂案件力度，坚决惩处商业贿赂行为

查办商业贿赂案件是治理商业贿赂专项工作的重要内容，也是巩固和深化专项治理工作成果的重要保证，必须始终抓紧抓好。各级卫生行政部门和各级各类医疗卫生机构要进一步加大查办案件的力度，拓宽案件信息与举报渠道，认真分析近年来医药购销领域商业贿赂行为变化的规律、特点，对典型的商业贿赂案

件，发现一起，查办一起，决不姑息，决不手软。对收受商业贿赂的有关人员，要依纪依法严肃处理。对于收受商业贿赂但尚未触犯刑律的从业人员，由卫生行政部门或所在单位视情节给予通报批评、取消当年评优、评职称资格或缓聘、解职待聘，直至解聘，以及相应的党纪政纪处分。对于收受商业贿赂数额较大、时间较长、情节比较严重的，依据《执业医师法》等有关规定，视情节给予警告、责令暂停执业活动，直至吊销执业证书。构成犯罪的，要及时移送司法机关，坚决依法追究其刑事责任。

各级卫生行政部门要加强与纪检监察、检察、公安、工商、食品药品监管等执纪执法部门的协调配合，及时将掌握的商业贿赂案件线索和查办的商业贿赂案件情况向有关执纪执法部门通报，并配合和支持执纪执法部门对行贿企业和个人的查处，坚决惩治医药购销领域商业贿赂行贿方。要坚持对查办的商业贿赂案件进行汇总剖析，对案件暴露出的体制机制制度方面的漏洞和薄弱环节，有针对性地建章立制，从源头上防范腐败问题的发生，发挥查办案件的治本功能。

四、加强长效机制建设，着力抓好防控商业贿赂长效机制各项制度的落实

制度建设在防治商业贿赂中具有根本性和长期性。各地要在过去长效机制建设的基础上，结合深化医药卫生体制改革，认真分析滋生商业贿赂的深层次原因，深入推进体制机制制度创新，研究制定切实管用的制度办法和监管措施。要认真开展临床路径和按病种收费试点工作，推进落实国家基本药物制度和公立医院改革试点，建立完善权力运行监控机制，深化治理医药购销领域商业贿赂长效机制建设工作。

要切实抓好长效机制各项制度规定的落实，提高制度的执行力。一是指导医疗机构继续实行按药品通用名开具处方、不当处方院内公示和点评、药品用量动态监测和超常预警等制度，积极

探索推行阳光用药制度，加强对药品使用的管理和监督，严格规范医生处方行为。二是切实抓好药品集中采购有关制度规定的落实，加强对药品集中采购工作的管理和监督，确保药品集中采购工作规范有序进行。三是要合理确定医院领导的职责分工，建立健全监督制约机制，对涉及基建、项目招投标、药品采购等方面的重大决策和大额度资金使用实行领导班子集体讨论决定制度。四是对容易滋生商业贿赂的重点部门和重点岗位的人员，要定期交流轮岗，并形成制度。五是要认真贯彻落实《医疗机构财务会计内部控制规定》、《医疗卫生机构接受社会捐赠资助管理暂行办法》、《卫生系统内部审计工作规定》等规章制度，加强经济运行管理工作，建立健全单位内部控制制度，规范工作流程，加大内部审计力度，建立事前、事中以及全过程监管控制机制。六是要严格执行《关于建立医务人员医德考评制度的指导意见（试行）》、《医师定期考核管理办法》，完善记录考核制度，深化医德医风建设，将医德医风状况与医务人员的岗位聘用、绩效工资、晋职晋级、评先评优、定期考核等直接挂钩，充分发挥制度的约束和激励作用。

五、加强医院信息系统药品、高值耗材统计功能管理，严禁为商业目的统方

各级卫生行政部门和各类医疗机构要结合本地区本单位实际，研究制订贯彻落实卫生部《关于加强医院信息系统药品、高值耗材统计功能管理的通知》（卫办医发〔2007〕163号）的具体办法，采取切实有效措施，加强医院信息系统药品、高值耗材统计功能管理，避免为不正当商业目的统计医师个人和临床科室有关药品、高值耗材用量信息。要对医院各个部门通过计算机网络查询医院信息的权限实行分级管理，对医院信息系统中有关药品、高值耗材使用等信息实行专人负责、加密管理，严格统方权限和审批程序，未经批准不得统方，严禁为商业目的统方。各级

卫生行政部门要加大对辖区内医疗机构统方行为的监督检查力度。对未落实统方管理要求的医疗机构，要责令其限期整改，尽快建立健全有关管理制度。对于违反规定，未经批准擅自统方或者为商业目的统方的，不仅要对当事人从严处理，而且还要严肃追究医院有关领导和科室负责人的责任。

六、建立医药购销领域商业贿赂不良记录，坚决打击商业贿赂行贿行为

各省级卫生行政部门要严格执行卫生部《关于建立医药购销领域商业贿赂不良记录的规定》（卫政法发〔2007〕28号），已经建立商业贿赂不良记录制度的省（区、市），要继续完善、规范管理；尚未建立的，要积极创造条件，加快工作进度，务必在今年内建立本行政区域医药购销领域商业贿赂不良记录制度。

各地卫生行政部门要及时将查处或掌握的商业贿赂案件情况逐级报送省级卫生行政部门。各省级卫生行政部门对本行政区域医药购销领域商业贿赂不良记录要实行动态管理，对经执法执纪机关认定，在药品购销活动中存在行贿行为的企业或个人，都要及时列入本地商业贿赂不良记录，予以公布。对列入不良记录的药品生产经营企业，省级卫生行政部门在药品集中采购工作中要坚决取消其所有产品的入围资格，2年内不得接受其任何产品参加集中采购的申请；本省（区、市）医疗机构2年内也不得以任何名义、任何形式购入其药品、医用设备和医用耗材，坚决打击医药购销领域商业贿赂行贿行为，努力促进诚信体系建设。

各级卫生行政部门要进一步提高政治敏感性，强化大局意识和责任意识，切实加强组织领导，完善治理商业贿赂工作领导体制和工作机制，充实加强工作机构和人员力量，采取更加有力的措施，巩固深化专项治理工作成果，努力取得治理医药购销领域商业贿赂工作的新成效，为深化医药卫生体制改革提供有力保障。

● 司法解释及文件

9.《最高人民法院、最高人民检察院关于办理商业贿赂刑事案件适用法律若干问题的意见》(2008年11月20日)

为依法惩治商业贿赂犯罪,根据刑法有关规定,结合办案工作实际,现就办理商业贿赂刑事案件适用法律的若干问题,提出如下意见:

一、商业贿赂犯罪涉及刑法规定的以下八种罪名:
(1) 非国家工作人员受贿罪(刑法第一百六十三条);
(2) 对非国家工作人员行贿罪(刑法第一百六十四条);
(3) 受贿罪(刑法第三百八十五条);
(4) 单位受贿罪(刑法第三百八十七条);
(5) 行贿罪(刑法第三百八十九条);
(6) 对单位行贿罪(刑法第三百九十一条);
(7) 介绍贿赂罪(刑法第三百九十二条);
(8) 单位行贿罪(刑法第三百九十三条)。

二、刑法第一百六十三条、第一百六十四条规定的"其他单位",既包括事业单位、社会团体、村民委员会、居民委员会、村民小组等常设性的组织,也包括为组织体育赛事、文艺演出或者其他正当活动而成立的组委会、筹委会、工程承包队等非常设性的组织。

三、刑法第一百六十三条、第一百六十四条规定的"公司、企业或者其他单位的工作人员",包括国有公司、企业以及其他国有单位中的非国家工作人员。

四、医疗机构中的国家工作人员,在药品、医疗器械、医用卫生材料等医药产品采购活动中,利用职务上的便利,索取销售方财物,或者非法收受销售方财物,为销售方谋取利益,构成犯罪的,依照刑法第三百八十五条的规定,以受贿罪定罪处罚。

医疗机构中的非国家工作人员，有前款行为，数额较大的，依照刑法第一百六十三条的规定，以非国家工作人员受贿罪定罪处罚。

医疗机构中的医务人员，利用开处方的职务便利，以各种名义非法收受药品、医疗器械、医用卫生材料等医药产品销售方财物，为医药产品销售方谋取利益，数额较大的，依照刑法第一百六十三条的规定，以非国家工作人员受贿罪定罪处罚。

五、学校及其他教育机构中的国家工作人员，在教材、教具、校服或者其他物品的采购等活动中，利用职务上的便利，索取销售方财物，或者非法收受销售方财物，为销售方谋取利益，构成犯罪的，依照刑法第三百八十五条的规定，以受贿罪定罪处罚。

学校及其他教育机构中的非国家工作人员，有前款行为，数额较大的，依照刑法第一百六十三条的规定，以非国家工作人员受贿罪定罪处罚。

学校及其他教育机构中的教师，利用教学活动的职务便利，以各种名义非法收受教材、教具、校服或者其他物品销售方财物，为教材、教具、校服或者其他物品销售方谋取利益，数额较大的，依照刑法第一百六十三条的规定，以非国家工作人员受贿罪定罪处罚。

六、依法组建的评标委员会、竞争性谈判采购中谈判小组、询价采购中询价小组的组成人员，在招标、政府采购等事项的评标或者采购活动中，索取他人财物或者非法收受他人财物，为他人谋取利益，数额较大的，依照刑法第一百六十三条的规定，以非国家工作人员受贿罪定罪处罚。

依法组建的评标委员会、竞争性谈判采购中谈判小组、询价采购中询价小组中国家机关或者其他国有单位的代表有前款行为的，依照刑法第三百八十五条的规定，以受贿罪定罪处罚。

七、商业贿赂中的财物，既包括金钱和实物，也包括可以用金钱计算数额的财产性利益，如提供房屋装修、含有金额的会员卡、代币卡（券）、旅游费用等。具体数额以实际支付的资费为准。

八、收受银行卡的，不论受贿人是否实际取出或者消费，卡内的存款数额一般应全额认定为受贿数额。使用银行卡透支的，如果由给予银行卡的一方承担还款责任，透支数额也应当认定为受贿数额。

九、在行贿犯罪中，"谋取不正当利益"，是指行贿人谋取违反法律、法规、规章或者政策规定的利益，或者要求对方违反法律、法规、规章、政策、行业规范的规定提供帮助或者方便条件。

在招标投标、政府采购等商业活动中，违背公平原则，给予相关人员财物以谋取竞争优势的，属于"谋取不正当利益"。

十、办理商业贿赂犯罪案件，要注意区分贿赂与馈赠的界限。主要应当结合以下因素全面分析、综合判断：

（1）发生财物往来的背景，如双方是否存在亲友关系及历史上交往的情形和程度；

（2）往来财物的价值；

（3）财物往来的缘由、时机和方式，提供财物方对于接受方有无职务上的请托；

（4）接受方是否利用职务上的便利为提供方谋取利益。

十一、非国家工作人员与国家工作人员通谋，共同收受他人财物，构成共同犯罪的，根据双方利用职务便利的具体情形分别定罪追究刑事责任：

（1）利用国家工作人员的职务便利为他人谋取利益的，以受贿罪追究刑事责任。

（2）利用非国家工作人员的职务便利为他人谋取利益的，以非国家工作人员受贿罪追究刑事责任。

（3）分别利用各自的职务便利为他人谋取利益的，按照主犯的犯罪性质追究刑事责任，不能分清主从犯的，可以受贿罪追究刑事责任。

● 案例指引

通信技术公司诉市市场监督管理委员会、国家市场监督管理总局行政处罚及行政复议案（人民法院案例库 2024-12-3-001-019）

裁判摘要：建设单位应为通信配套设施出资方。经营者通过为通信配套设施"垫资"的方式谋求通信业务唯一供应商地位的，构成《反不正当竞争法》第 8 条第 1 款第 3 项规定的商业贿赂行为。市场监管部门对该行为依法开展行政处罚，人民法院应予以支持。建设单位、物业管理单位等通常具有出租房屋、向入驻客户推荐电信服务或要求客户确认使用电信服务的权利，属于对电信业务交易具有较强影响力的单位。行为人是否具有在通信业务中谋取唯一供应商地位或其他竞争优势的意图，应当综合协议签订背景和内容判断，协议履行的具体情况不影响对行为目的的认定。

第九条　禁止虚假宣传

> 经营者不得对其商品的性能、功能、质量、销售状况、用户评价、曾获荣誉等作虚假或者引人误解的商业宣传，欺骗、误导消费者和其他经营者。
>
> 经营者不得通过组织虚假交易、虚假评价等方式，帮助其他经营者进行虚假或者引人误解的商业宣传。

● 法　律

1.《广告法》（2021 年 4 月 29 日）

第 5 条　广告主、广告经营者、广告发布者从事广告活动，应当遵守法律、法规，诚实信用，公平竞争。

第28条 广告以虚假或者引人误解的内容欺骗、误导消费者的，构成虚假广告。

广告有下列情形之一的，为虚假广告：

（一）商品或者服务不存在的；

（二）商品的性能、功能、产地、用途、质量、规格、成分、价格、生产者、有效期限、销售状况、曾获荣誉等信息，或者服务的内容、提供者、形式、质量、价格、销售状况、曾获荣誉等信息，以及与商品或者服务有关的允诺等信息与实际情况不符，对购买行为有实质性影响的；

（三）使用虚构、伪造或者无法验证的科研成果、统计资料、调查结果、文摘、引用语等信息作证明材料的；

（四）虚构使用商品或者接受服务的效果的；

（五）以虚假或者引人误解的内容欺骗、误导消费者的其他情形。

第31条 广告主、广告经营者、广告发布者不得在广告活动中进行任何形式的不正当竞争。

第38条 广告代言人在广告中对商品、服务作推荐、证明，应当依据事实，符合本法和有关法律、行政法规规定，并不得为其未使用过的商品或者未接受过的服务作推荐、证明。

不得利用不满十周岁的未成年人作为广告代言人。

对在虚假广告中作推荐、证明受到行政处罚未满三年的自然人、法人或者其他组织，不得利用其作为广告代言人。

第54条 消费者协会和其他消费者组织对违反本法规定，发布虚假广告侵害消费者合法权益，以及其他损害社会公共利益的行为，依法进行社会监督。

第55条 违反本法规定，发布虚假广告的，由市场监督管理部门责令停止发布广告，责令广告主在相应范围内消除影响，处广告费用三倍以上五倍以下的罚款，广告费用无法计算或者明显偏低的，处二十万元以上一百万元以下的罚款；两年内有三次以上违法行为或者有其他严重情节的，处广告费用五倍以上十倍以下的罚款，广告费用无法计算或者明显偏低的，处一百万元以上二百万元以下的罚款，可以吊销营业执照，并由广告审查机关撤销广告审查批准文件、一年内不受理其广告审查申请。

医疗机构有前款规定违法行为，情节严重的，除由市场监督管理部门依照本法处罚外，卫生行政部门可以吊销诊疗科目或者吊销医疗机构执业许可证。

广告经营者、广告发布者明知或者应知广告虚假仍设计、制作、代理、发布的，由市场监督管理部门没收广告费用，并处广告费用三倍以上五倍以下的罚款，广告费用无法计算或者明显偏低的，处二十万元以上一百万元以下的罚款；两年内有三次以上违法行为或者有其他严重情节的，处广告费用五倍以上十倍以下的罚款，广告费用无法计算或者明显偏低的，处一百万元以上二百万元以下的罚款，并可以由有关部门暂停广告发布业务、吊销营业执照。

广告主、广告经营者、广告发布者有本条第一款、第三款规定行为，构成犯罪的，依法追究刑事责任。

第56条 违反本法规定，发布虚假广告，欺骗、误导消费者，使购买商品或者接受服务的消费者的合法权益受到损害的，由广告主依法承担民事责任。广告经营者、广告发布者不能提供广告主的真实名称、地址和有效联系方式的，消费者可以要求广告经营者、广告发布者先行赔偿。

关系消费者生命健康的商品或者服务的虚假广告，造成消费者损害的，其广告经营者、广告发布者、广告代言人应当与广告主承担连带责任。

前款规定以外的商品或者服务的虚假广告，造成消费者损害的，其广告经营者、广告发布者、广告代言人，明知或者应知广告虚假仍设计、制作、代理、发布或者作推荐、证明的，应当与广告主承担连带责任。

第61条 广告代言人有下列情形之一的，由市场监督管理部门没收违法所得，并处违法所得一倍以上二倍以下的罚款：

（一）违反本法第十六条第一款第四项规定，在医疗、药品、医疗器械广告中作推荐、证明的；

（二）违反本法第十八条第一款第五项规定，在保健食品广告中作推荐、证明的；

（三）违反本法第三十八条第一款规定，为其未使用过的商品或者未接受过的服务作推荐、证明的；

（四）明知或者应知广告虚假仍在广告中对商品、服务作推荐、证明的。

第69条 因发布虚假广告，或者有其他本法规定的违法行为，被吊销营业执照的公司、企业的法定代表人，对违法行为负有个人责任的，自该公司、企业被吊销营业执照之日起三年内不得担任公司、企业的董事、监事、高级管理人员。

2. 《消费者权益保护法》（2013年10月25日）

第20条 经营者向消费者提供有关商品或者服务的质量、性能、用途、有效期限等信息，应当真实、全面，不得作虚假或者引人误解的宣传。

经营者对消费者就其提供的商品或者服务的质量和使用方法等问题提出的询问，应当作出真实、明确的答复。

经营者提供商品或者服务应当明码标价。

第45条 消费者因经营者利用虚假广告或者其他虚假宣传方式提供商品或者服务，其合法权益受到损害的，可以向经营者要求赔偿。广告经营者、发布者发布虚假广告的，消费者可以请求行政主管部门予以惩处。广告经营者、发布者不能提供经营者的真实名称、地址和有效联系方式的，应当承担赔偿责任。

广告经营者、发布者设计、制作、发布关系消费者生命健康商品或者服务的虚假广告，造成消费者损害的，应当与提供该商品或者服务的经营者承担连带责任。

社会团体或者其他组织、个人在关系消费者生命健康商品或者服务的虚假广告或者其他虚假宣传中向消费者推荐商品或者服务，造成消费者损害的，应当与提供该商品或者服务的经营者承担连带责任。

第56条　经营者有下列情形之一，除承担相应的民事责任外，其他有关法律、法规对处罚机关和处罚方式有规定的，依照法律、法规的规定执行；法律、法规未作规定的，由工商行政管理部门或者其他有关行政部门责令改正，可以根据情节单处或者并处警告、没收违法所得、处以违法所得一倍以上十倍以下的罚款，没有违法所得的，处以五十万元以下的罚款；情节严重的，责令停业整顿、吊销营业执照：

（一）提供的商品或者服务不符合保障人身、财产安全要求的；

（二）在商品中掺杂、掺假，以假充真，以次充好，或者以不合格商品冒充合格商品的；

（三）生产国家明令淘汰的商品或者销售失效、变质的商品的；

（四）伪造商品的产地，伪造或者冒用他人的厂名、厂址，篡改生产日期，伪造或者冒用认证标志等质量标志的；

（五）销售的商品应当检验、检疫而未检验、检疫或者伪造检验、检疫结果的；

（六）对商品或者服务作虚假或者引人误解的宣传的；

（七）拒绝或者拖延有关行政部门责令对缺陷商品或者服务采取停止销售、警示、召回、无害化处理、销毁、停止生产或者服务等措施的；

（八）对消费者提出的修理、重作、更换、退货、补足商品数量、退还货款和服务费用或者赔偿损失的要求，故意拖延或者无理拒绝的；

（九）侵害消费者人格尊严、侵犯消费者人身自由或者侵害消费者个人信息依法得到保护的权利的；

（十）法律、法规规定的对损害消费者权益应当予以处罚的其他情形。

经营者有前款规定情形的，除依照法律、法规规定予以处罚外，处罚机关应当记入信用档案，向社会公布。

3. **《产品质量法》**（2018 年 12 月 29 日）

第 5 条 禁止伪造或者冒用认证标志等质量标志；禁止伪造产品的产地，伪造或者冒用他人的厂名、厂址；禁止在生产、销售的产品中掺杂、掺假，以假充真，以次充好。

第 31 条 生产者不得伪造或者冒用认证标志等质量标志。

第 32 条 生产者生产产品，不得掺杂、掺假，不得以假充真、以次充好，不得以不合格产品冒充合格产品。

第 38 条 销售者不得伪造或者冒用认证标志等质量标志。

第 39 条 销售者销售产品，不得掺杂、掺假，不得以假充真、以次充好，不得以不合格产品冒充合格产品。

第 50 条 在产品中掺杂、掺假，以假充真，以次充好，或者以不合格产品冒充合格产品的，责令停止生产、销售，没收违法生产、销售的产品，并处违法生产、销售产品货值金额百分之五十以上三倍以下的罚款；有违法所得的，并处没收违法所得；情节严重的，吊销营业执照；构成犯罪的，依法追究刑事责任。

第 53 条 伪造产品产地的，伪造或者冒用他人厂名、厂址的，伪造或者冒用认证标志等质量标志的，责令改正，没收违法生产、销售的产品，并处违法生产、销售产品货值金额等值以下的罚款；有违法所得的，并处没收违法所得；情节严重的，吊销营业执照。

● 司法解释及文件

4.《最高人民法院关于适用〈中华人民共和国反不正当竞争法〉若干问题的解释》（2022年3月16日）

第16条 经营者在商业宣传过程中，提供不真实的商品相关信息，欺骗、误导相关公众的，人民法院应当认定为反不正当竞争法第八条第一款规定的虚假的商业宣传。

第17条 经营者具有下列行为之一，欺骗、误导相关公众的，人民法院可以认定为反不正当竞争法第八条第一款规定的"引人误解的商业宣传"：

（一）对商品作片面的宣传或者对比；

（二）将科学上未定论的观点、现象等当作定论的事实用于商品宣传；

（三）使用歧义性语言进行商业宣传；

（四）其他足以引人误解的商业宣传行为。

人民法院应当根据日常生活经验、相关公众一般注意力、发生误解的事实和被宣传对象的实际情况等因素，对引人误解的商业宣传行为进行认定。

● 案例指引

1. **产业公司诉饮料公司虚假宣传纠纷案**（最高人民法院指导案例161号）

案例要旨：人民法院认定广告是否构成《反不正当竞争法》规定的虚假宣传行为，应结合相关广告语的内容是否有歧义，是否易使相关公众产生误解以及行为人是否有虚假宣传的过错等因素判断。一方当事人基于双方曾经的商标使用许可合同关系以及自身为提升相关商标商誉所做出的贡献等因素，发布涉案广告语，告知消费者基本事实，符合客观情况，不存在易使相关公众误解的可能，也不存在不正当地占用相关商标的知名度和良好商誉的过错，不构成反不正当竞争法规定的虚假宣传行为。

2. 某调理店诉市市场监督管理局、市人民政府罚款案（人民法院案例库 2024-12-3-001-034）

裁判摘要： 经营者应对广告宣传内容的真实性承担审查注意义务，除医疗、药品、医疗器械广告外，不得在任何广告涉及疾病治疗功能。如果宣传广告中记载的商品性能、功能、质量、销售状况、用户评价、曾获荣誉等不真实、不客观，与商品本身不相匹配，含有虚假或者引人误解的内容欺骗、误导消费者的，构成虚假广告。人民法院经审查认为市场监管部门认定经营者的行为构成虚假商业广告行为，依据反不正当竞争法以及国家市场监管总局《关于规范市场监督管理行政处罚裁量权的指导意见》的相关规定，作出行政处罚决定，事实清楚、处罚结果与行为的危害性适当、处罚程序合法的，依法应予支持。

3. 某株式会社诉服饰公司等著作权权属、侵权纠纷及虚假宣传纠纷案（人民法院案例库 2023-09-2-175-002）

裁判摘要： 经营者在其官方网站上以抄袭摹仿同业经营者品牌历史的方式发布虚假信息，进行与客观事实不符的品牌介绍，宣传其商品，明显具有攀附同业经营者知名度的主观恶意，容易导致相关公众对商品来源产生混淆误认，或者误认为其与同业经营者之间具有某种特定联系，欺骗、误导消费者，属于虚假或者引人误解的商业宣传，构成虚假宣传的不正当竞争行为。判断被诉侵权行为是否构成侵害他人受著作权法保护的作品，应当从被诉侵权行为人是否具备"接触"权利人要求保护作品的可能性、被诉侵权作品与权利人要求保护的作品之间是否构成"实质相似"两个方面进行判断。对于恶意申请注册的损害他人合法在先权利的商标，即使经过使用形成一定的商业规模，具有一定的知名度，也不应予法律上的承认和保护。对于他人恶意取得注册的商标，使用人以已经获得商标权人排他许可使用权为由抗辩不侵害他人合法在先权利的，人民法院不予支持。

4. 电影公司等诉影业公司不正当竞争纠纷案（人民法院案例库2024-09-2-488-009）

裁判摘要：境外企业的英文字号、英文字号简称以及在中国使用的中文字号，经过该企业在中国长时间的持续使用和广泛宣传，在相关领域内具有较高知名度，为相关公众所知悉，可以认定为有一定影响的企业名称。他人擅自使用有一定影响的企业英文字号、英文字号简称以及在中国使用的中文字号，明示或暗示与该企业之间存在授权许可或其他特定关系，足以欺骗、误导消费者的，构成仿冒混淆及虚假宣传的不正当竞争行为。

第十条 禁止侵犯商业秘密

经营者不得实施下列侵犯商业秘密的行为：

（一）以盗窃、贿赂、欺诈、胁迫、电子侵入或者其他不正当手段获取权利人的商业秘密；

（二）披露、使用或者允许他人使用以前项手段获取的权利人的商业秘密；

（三）违反保密义务或者违反权利人有关保守商业秘密的要求，披露、使用或者允许他人使用其所掌握的商业秘密；

（四）教唆、引诱、帮助他人违反保密义务或者违反权利人有关保守商业秘密的要求，获取、披露、使用或者允许他人使用权利人的商业秘密。

经营者以外的其他自然人、法人和非法人组织实施前款所列违法行为的，视为侵犯商业秘密。

第三人明知或者应知商业秘密权利人的员工、前员工或者其他单位、个人实施本条第一款所列违法行为，仍获取、披露、使用或者允许他人使用该商业秘密的，视为侵犯商业秘密。

> 本法所称的商业秘密，是指不为公众所知悉、具有商业价值并经权利人采取相应保密措施的技术信息、经营信息等商业信息。

● 法　律

1. 《民法典》（2020 年 5 月 28 日）

    第 123 条　民事主体依法享有知识产权。

    知识产权是权利人依法就下列客体享有的专有的权利：

    （一）作品；

    （二）发明、实用新型、外观设计；

    （三）商标；

    （四）地理标志；

    （五）商业秘密；

    （六）集成电路布图设计；

    （七）植物新品种；

    （八）法律规定的其他客体。

2. 《刑法》（2023 年 12 月 29 日）

    第 219 条　有下列侵犯商业秘密行为之一，情节严重的，处三年以下有期徒刑，并处或者单处罚金；情节特别严重的，处三年以上十年以下有期徒刑，并处罚金：

    （一）以盗窃、贿赂、欺诈、胁迫、电子侵入或者其他不正当手段获取权利人的商业秘密的；

    （二）披露、使用或者允许他人使用以前项手段获取的权利人的商业秘密的；

    （三）违反保密义务或者违反权利人有关保守商业秘密的要求，披露、使用或者允许他人使用其所掌握的商业秘密的。

    明知前款所列行为，获取、披露、使用或者允许他人使用该商业秘密的，以侵犯商业秘密论。

本条所称权利人，是指商业秘密的所有人和经商业秘密所有人许可的商业秘密使用人。

3. 《**劳动法**》（2018年12月29日）

第22条　劳动合同当事人可以在劳动合同中约定保守用人单位商业秘密的有关事项。

第102条　劳动者违反本法规定的条件解除劳动合同或者违反劳动合同中约定的保密事项，对用人单位造成经济损失的，应当依法承担赔偿责任。

4. 《**劳动合同法**》（2012年12月28日）

第17条　劳动合同应当具备以下条款：

（一）用人单位的名称、住所和法定代表人或者主要负责人；

（二）劳动者的姓名、住址和居民身份证或者其他有效身份证件号码；

（三）劳动合同期限；

（四）工作内容和工作地点；

（五）工作时间和休息休假；

（六）劳动报酬；

（七）社会保险；

（八）劳动保护、劳动条件和职业危害防护；

（九）法律、法规规定应当纳入劳动合同的其他事项。

劳动合同除前款规定的必备条款外，用人单位与劳动者可以约定试用期、培训、保守秘密、补充保险和福利待遇等其他事项。

第23条　用人单位与劳动者可以在劳动合同中约定保守用人单位的商业秘密和与知识产权相关的保密事项。

对负有保密义务的劳动者，用人单位可以在劳动合同或者保密协议中与劳动者约定竞业限制条款，并约定在解除或者终止劳动合同后，在竞业限制期限内按月给予劳动者经济补偿。劳动者违反竞业限制约定的，应当按照约定向用人单位支付违约金。

第 90 条　劳动者违反本法规定解除劳动合同，或者违反劳动合同中约定的保密义务或者竞业限制，给用人单位造成损失的，应当承担赔偿责任。

5.《公务员法》（2018 年 12 月 29 日）

第 14 条　公务员应当履行下列义务：

（一）忠于宪法，模范遵守、自觉维护宪法和法律，自觉接受中国共产党领导；

（二）忠于国家，维护国家的安全、荣誉和利益；

（三）忠于人民，全心全意为人民服务，接受人民监督；

（四）忠于职守，勤勉尽责，服从和执行上级依法作出的决定和命令，按照规定的权限和程序履行职责，努力提高工作质量和效率；

（五）保守国家秘密和工作秘密；

（六）带头践行社会主义核心价值观，坚守法治，遵守纪律，恪守职业道德，模范遵守社会公德、家庭美德；

（七）清正廉洁，公道正派；

（八）法律规定的其他义务。

第 59 条　公务员应当遵纪守法，不得有下列行为：

（一）散布有损宪法权威、中国共产党和国家声誉的言论，组织或者参加旨在反对宪法、中国共产党领导和国家的集会、游行、示威等活动；

（二）组织或者参加非法组织，组织或者参加罢工；

（三）挑拨、破坏民族关系，参加民族分裂活动或者组织、利用宗教活动破坏民族团结和社会稳定；

（四）不担当，不作为，玩忽职守，贻误工作；

（五）拒绝执行上级依法作出的决定和命令；

（六）对批评、申诉、控告、检举进行压制或者打击报复；

（七）弄虚作假，误导、欺骗领导和公众；

（八）贪污贿赂，利用职务之便为自己或者他人谋取私利；

（九）违反财经纪律，浪费国家资财；

（十）滥用职权，侵害公民、法人或者其他组织的合法权益；

（十一）泄露国家秘密或者工作秘密；

（十二）在对外交往中损害国家荣誉和利益；

（十三）参与或者支持色情、吸毒、赌博、迷信等活动；

（十四）违反职业道德、社会公德和家庭美德；

（十五）违反有关规定参与禁止的网络传播行为或者网络活动；

（十六）违反有关规定从事或者参与营利性活动，在企业或者其他营利性组织中兼任职务；

（十七）旷工或者因公外出、请假期满无正当理由逾期不归；

（十八）违纪违法的其他行为。

6.《律师法》（2017年9月1日）

第38条　律师应当保守在执业活动中知悉的国家秘密、商业秘密，不得泄露当事人的隐私。

律师对在执业活动中知悉的委托人和其他人不愿泄露的有关情况和信息，应当予以保密。但是，委托人或者其他人准备或者正在实施危害国家安全、公共安全以及严重危害他人人身安全的犯罪事实和信息除外。

第48条　律师有下列行为之一的，由设区的市级或者直辖市的区人民政府司法行政部门给予警告，可以处一万元以下的罚款；有违法所得的，没收违法所得；情节严重的，给予停止执业三个月以上六个月以下的处罚：

（一）私自接受委托、收取费用，接受委托人财物或者其他利益的；

（二）接受委托后，无正当理由，拒绝辩护或者代理，不按时出庭参加诉讼或者仲裁的；

（三）利用提供法律服务的便利牟取当事人争议的权益的；

（四）泄露商业秘密或者个人隐私的。

7.《注册会计师法》（2014 年 8 月 31 日）

第 19 条　注册会计师对在执行业务中知悉的商业秘密，负有保密义务。

第 31 条　本法第十八条至第二十一条的规定，适用于会计师事务所。

● 部门规章及文件

8.《关于禁止侵犯商业秘密行为的若干规定》（1998 年 12 月 3 日）

第 1 条　为了制止侵犯商业秘密的行为，保护商业秘密权利人的合法权益，维护社会主义市场经济秩序，根据《中华人民共和国反不正当竞争法》（以下简称《反不正当竞争法》）的有关规定，制定本规定。

第 2 条　本规定所称商业秘密，是指不为公众所知悉、能为权利人带来经济利益、具有实用性并经权利人采取保密措施的技术信息和经营信息。

本规定所称不为公众所知悉，是指该信息是不能从公开渠道直接获取的。

本规定所称能为权利人带来经济利益、具有实用性，是指该信息具有确定的可应用性、能为权利人带来现实的或者潜在的经济利益或者竞争优势。

本规定所称权利人采取保密措施，包括订立保密协议，建立保密制度及采取其他合理的保密措施。

本规定所称技术信息和经营信息，包括设计、程序、产品配方、制作工艺、制作方法、管理诀窍、客户名单、货源情报、产销策略、招投标中的标底及标书内容等信息。

本规定所称权利人，是指依法对商业秘密享有所有权或者使用权的公民、法人或者其他组织。

第3条　禁止下列侵犯商业秘密的行为：

（一）以盗窃、利诱、胁迫或者其他不正当手段获取的权利人的商业秘密；

（二）披露、使用或者允许他人使用以前项手段获取的权利人的商业秘密；

（三）与权利人有业务关系的单位和个人违反合同约定或者违反权利人保守商业秘密的要求，披露、使用或者允许他人使用其所掌握的权利人的商业秘密；

（四）权利人的职工违反合同约定或者违反权利人保守商业秘密的要求，披露、使用或者允许他人使用其所掌握的权利人的商业秘密。

第三人明知或者应知前款所列违法行为，获取、使用或者披露他人的商业秘密，视为侵犯商业秘密。

第4条　侵犯商业秘密行为由县级以上工商行政管理机关认定处理。

第5条　权利人（申请人）认为其商业秘密受到侵害，向工商行政管理机关申请查处侵权行为时，应当提供商业秘密及侵权行为存在的有关证据。

被检查的单位和个人（被申请人）及利害关系人、证明人，应当如实向工商行政管理机关提供有关证据。

权利人能证明被申请人所使用的信息与自己的商业秘密具有一致性或者相同性，同时能证明被申请人有获取其商业秘密的条件，而被申请人不能提供或者拒不提供其所使用的信息是合法获得或者使用的证据的，工商行政管理机关可以根据有关证据，认定被申请人有侵权行为。

第6条　对被申请人违法披露、使用、允许他人使用商业秘密将给权利人造成不可挽回的损失的，应权利人请求并由权利人出具自愿对强制措施后果承担责任的书面保证，工商行政管理机关可以责令被申请人停止销售使用权利人商业秘密生产的产品。

第7条　违反本规定第三条的，由工商行政管理机关依照《反不正当竞争法》第二十五条的规定，责令停止违法行为，并可以根据情节处以1万元以上20万元以下的罚款。

工商行政管理机关在依照前款规定予以处罚时，对侵权物品可以作如下处理：

（一）责令并监督侵权人将载有商业秘密的图纸、软件及其有关资料返还权利人。

（二）监督侵权人销毁使用权利人商业秘密生产的、流入市场将会造成商业秘密公开的产品。但权利人同意收购、销售等其他处理方式的除外。

第8条　对侵权人拒不执行处罚决定，继续实施本规定第三条所列行为的，视为新的违法行为，从重予以处罚。

第9条　权利人因损害赔偿问题向工商行政管理机关提出调解要求的，工商行政管理机关可以进行调解。

权利人也可以直接向人民法院起诉，请求损害赔偿。

第10条　国家机关及其公务人员在履行公务时，不得披露或者允许他人使用权利人的商业秘密。

工商行政管理机关的办案人员在监督检查侵犯商业秘密的不正当竞争行为时，应当对权利人的商业秘密予以保密。

第11条　本规定由国家工商行政管理局负责解释。

第12条　本规定自公布之日起施行。

● 司法解释及文件

9.《最高人民法院关于审理侵犯商业秘密民事案件适用法律若干问题的规定》（2020年9月10日）

为正确审理侵犯商业秘密民事案件，根据《中华人民共和国反不正当竞争法》《中华人民共和国民事诉讼法》等有关法律规定，结合审判实际，制定本规定。

第1条　与技术有关的结构、原料、组分、配方、材料、样品、样式、植物新品种繁殖材料、工艺、方法或其步骤、算法、数据、计算机程序及其有关文档等信息，人民法院可以认定构成反不正当竞争法第九条第四款所称的技术信息。

与经营活动有关的创意、管理、销售、财务、计划、样本、招投标材料、客户信息、数据等信息，人民法院可以认定构成反不正当竞争法第九条第四款所称的经营信息。

前款所称的客户信息，包括客户的名称、地址、联系方式以及交易习惯、意向、内容等信息。

第2条　当事人仅以与特定客户保持长期稳定交易关系为由，主张该特定客户属于商业秘密的，人民法院不予支持。

客户基于对员工个人的信赖而与该员工所在单位进行交易，该员工离职后，能够证明客户自愿选择与该员工或者该员工所在的新单位进行交易的，人民法院应当认定该员工没有采用不正当手段获取权利人的商业秘密。

第3条　权利人请求保护的信息在被诉侵权行为发生时不为所属领域的相关人员普遍知悉和容易获得的，人民法院应当认定为反不正当竞争法第九条第四款所称的不为公众所知悉。

第4条　具有下列情形之一的，人民法院可以认定有关信息为公众所知悉：

（一）该信息在所属领域属于一般常识或者行业惯例的；

（二）该信息仅涉及产品的尺寸、结构、材料、部件的简单组合等内容，所属领域的相关人员通过观察上市产品即可直接获得的；

（三）该信息已经在公开出版物或者其他媒体上公开披露的；

（四）该信息已通过公开的报告会、展览等方式公开的；

（五）所属领域的相关人员从其他公开渠道可以获得该信息的。

将为公众所知悉的信息进行整理、改进、加工后形成的新信息，符合本规定第三条规定的，应当认定该新信息不为公众所知悉。

第5条　权利人为防止商业秘密泄露，在被诉侵权行为发生以前所采取的合理保密措施，人民法院应当认定为反不正当竞争法第九条第四款所称的相应保密措施。

人民法院应当根据商业秘密及其载体的性质、商业秘密的商业价值、保密措施的可识别程度、保密措施与商业秘密的对应程度以及权利人的保密意愿等因素，认定权利人是否采取了相应保密措施。

第6条　具有下列情形之一，在正常情况下足以防止商业秘密泄露的，人民法院应当认定权利人采取了相应保密措施：

（一）签订保密协议或者在合同中约定保密义务的；

（二）通过章程、培训、规章制度、书面告知等方式，对能够接触、获取商业秘密的员工、前员工、供应商、客户、来访者等提出保密要求的；

（三）对涉密的厂房、车间等生产经营场所限制来访者或者进行区分管理的；

（四）以标记、分类、隔离、加密、封存、限制能够接触或者获取的人员范围等方式，对商业秘密及其载体进行区分和管理的；

（五）对能够接触、获取商业秘密的计算机设备、电子设备、网络设备、存储设备、软件等，采取禁止或者限制使用、访问、存储、复制等措施的；

（六）要求离职员工登记、返还、清除、销毁其接触或者获取的商业秘密及其载体，继续承担保密义务的；

(七) 采取其他合理保密措施的。

第 7 条 权利人请求保护的信息因不为公众所知悉而具有现实的或者潜在的商业价值的,人民法院经审查可以认定为反不正当竞争法第九条第四款所称的具有商业价值。

生产经营活动中形成的阶段性成果符合前款规定的,人民法院经审查可以认定该成果具有商业价值。

第 8 条 被诉侵权人以违反法律规定或者公认的商业道德的方式获取权利人的商业秘密的,人民法院应当认定属于反不正当竞争法第九条第一款所称的以其他不正当手段获取权利人的商业秘密。

第 9 条 被诉侵权人在生产经营活动中直接使用商业秘密,或者对商业秘密进行修改、改进后使用,或者根据商业秘密调整、优化、改进有关生产经营活动的,人民法院应当认定属于反不正当竞争法第九条所称的使用商业秘密。

第 10 条 当事人根据法律规定或者合同约定所承担的保密义务,人民法院应当认定属于反不正当竞争法第九条第一款所称的保密义务。

当事人未在合同中约定保密义务,但根据诚信原则以及合同的性质、目的、缔约过程、交易习惯等,被诉侵权人知道或者应当知道其获取的信息属于权利人的商业秘密的,人民法院应当认定被诉侵权人对其获取的商业秘密承担保密义务。

第 11 条 法人、非法人组织的经营、管理人员以及具有劳动关系的其他人员,人民法院可以认定为反不正当竞争法第九条第三款所称的员工、前员工。

第 12 条 人民法院认定员工、前员工是否有渠道或者机会获取权利人的商业秘密,可以考虑与其有关的下列因素:

(一) 职务、职责、权限;

(二) 承担的本职工作或者单位分配的任务;

（三）参与和商业秘密有关的生产经营活动的具体情形；

（四）是否保管、使用、存储、复制、控制或者以其他方式接触、获取商业秘密及其载体；

（五）需要考虑的其他因素。

第13条 被诉侵权信息与商业秘密不存在实质性区别的，人民法院可以认定被诉侵权信息与商业秘密构成反不正当竞争法第三十二条第二款所称的实质上相同。

人民法院认定是否构成前款所称的实质上相同，可以考虑下列因素：

（一）被诉侵权信息与商业秘密的异同程度；

（二）所属领域的相关人员在被诉侵权行为发生时是否容易想到被诉侵权信息与商业秘密的区别；

（三）被诉侵权信息与商业秘密的用途、使用方式、目的、效果等是否具有实质性差异；

（四）公有领域中与商业秘密相关信息的情况；

（五）需要考虑的其他因素。

第14条 通过自行开发研制或者反向工程获得被诉侵权信息的，人民法院应当认定不属于反不正当竞争法第九条规定的侵犯商业秘密行为。

前款所称的反向工程，是指通过技术手段对从公开渠道取得的产品进行拆卸、测绘、分析等而获得该产品的有关技术信息。

被诉侵权人以不正当手段获取权利人的商业秘密后，又以反向工程为由主张未侵犯商业秘密的，人民法院不予支持。

第15条 被申请人试图或者已经以不正当手段获取、披露、使用或者允许他人使用权利人所主张的商业秘密，不采取行为保全措施会使判决难以执行或者造成当事人其他损害，或者将会使权利人的合法权益受到难以弥补的损害的，人民法院可以依法裁定采取行为保全措施。

前款规定的情形属于民事诉讼法第一百条、第一百零一条所称情况紧急的,人民法院应当在四十八小时内作出裁定。

第16条　经营者以外的其他自然人、法人和非法人组织侵犯商业秘密,权利人依据反不正当竞争法第十七条的规定主张侵权人应当承担的民事责任的,人民法院应予支持。

第17条　人民法院对于侵犯商业秘密行为判决停止侵害的民事责任时,停止侵害的时间一般应当持续到该商业秘密已为公众所知悉时为止。

依照前款规定判决停止侵害的时间明显不合理的,人民法院可以在依法保护权利人的商业秘密竞争优势的情况下,判决侵权人在一定期限或者范围内停止使用该商业秘密。

第18条　权利人请求判决侵权人返还或者销毁商业秘密载体,清除其控制的商业秘密信息的,人民法院一般应予支持。

第19条　因侵权行为导致商业秘密为公众所知悉的,人民法院依法确定赔偿数额时,可以考虑商业秘密的商业价值。

人民法院认定前款所称的商业价值,应当考虑研究开发成本、实施该项商业秘密的收益、可得利益、可保持竞争优势的时间等因素。

第20条　权利人请求参照商业秘密许可使用费确定因被侵权所受到的实际损失的,人民法院可以根据许可的性质、内容、实际履行情况以及侵权行为的性质、情节、后果等因素确定。

人民法院依照反不正当竞争法第十七条第四款确定赔偿数额的,可以考虑商业秘密的性质、商业价值、研究开发成本、创新程度、能带来的竞争优势以及侵权人的主观过错、侵权行为的性质、情节、后果等因素。

第21条　对于涉及当事人或者案外人的商业秘密的证据、材料,当事人或者案外人书面申请人民法院采取保密措施的,人民法院应当在保全、证据交换、质证、委托鉴定、询问、庭审等诉讼活动中采取必要的保密措施。

违反前款所称的保密措施的要求，擅自披露商业秘密或者在诉讼活动之外使用或者允许他人使用在诉讼中接触、获取的商业秘密的，应当依法承担民事责任。构成民事诉讼法第一百一十一条规定情形的，人民法院可以依法采取强制措施。构成犯罪的，依法追究刑事责任。

第22条　人民法院审理侵犯商业秘密民事案件时，对在侵犯商业秘密犯罪刑事诉讼程序中形成的证据，应当按照法定程序，全面、客观地审查。

由公安机关、检察机关或者人民法院保存的与被诉侵权行为具有关联性的证据，侵犯商业秘密民事案件的当事人及其诉讼代理人因客观原因不能自行收集，申请调查收集的，人民法院应当准许，但可能影响正在进行的刑事诉讼程序的除外。

第23条　当事人主张依据生效刑事裁判认定的实际损失或者违法所得确定涉及同一侵犯商业秘密行为的民事案件赔偿数额的，人民法院应予支持。

第24条　权利人已经提供侵权人因侵权所获得的利益的初步证据，但与侵犯商业秘密行为相关的账簿、资料由侵权人掌握的，人民法院可以根据权利人的申请，责令侵权人提供该账簿、资料。侵权人无正当理由拒不提供或者不如实提供的，人民法院可以根据权利人的主张和提供的证据认定侵权人因侵权所获得的利益。

第25条　当事人以涉及同一被诉侵犯商业秘密行为的刑事案件尚未审结为由，请求中止审理侵犯商业秘密民事案件，人民法院在听取当事人意见后认为必须以该刑事案件的审理结果为依据的，应予支持。

第26条　对于侵犯商业秘密行为，商业秘密独占使用许可合同的被许可人提起诉讼的，人民法院应当依法受理。

排他使用许可合同的被许可人和权利人共同提起诉讼，或者在权利人不起诉的情况下自行提起诉讼的，人民法院应当依法受理。

普通使用许可合同的被许可人和权利人共同提起诉讼，或者经权利人书面授权单独提起诉讼的，人民法院应当依法受理。

第27条 权利人应当在一审法庭辩论结束前明确所主张的商业秘密具体内容。仅能明确部分的，人民法院对该明确的部分进行审理。

权利人在第二审程序中另行主张其在一审中未明确的商业秘密具体内容的，第二审人民法院可以根据当事人自愿的原则就与该商业秘密具体内容有关的诉讼请求进行调解；调解不成的，告知当事人另行起诉。双方当事人均同意由第二审人民法院一并审理的，第二审人民法院可以一并裁判。

第28条 人民法院审理侵犯商业秘密民事案件，适用被诉侵权行为发生时的法律。被诉侵权行为在法律修改之前已经发生且持续到法律修改之后的，适用修改后的法律。

第29条 本规定自2020年9月12日起施行。最高人民法院以前发布的相关司法解释与本规定不一致的，以本规定为准。

本规定施行后，人民法院正在审理的一审、二审案件适用本规定；施行前已经作出生效裁判的案件，不适用本规定再审。

● 案例指引

1. 化工公司、技术公司诉某集团、科技公司等侵害技术秘密纠纷案（最高人民法院指导性案例220号）

案例要旨：权利人举证证明被诉侵权人非法获取了完整的产品工艺流程、成套生产设备资料等技术秘密且已实际生产出相同产品的，人民法院可以认定被诉侵权人使用了全部技术秘密，但被诉侵权人提供相反证据足以推翻的除外。被诉侵权人构成故意侵害技术秘密的，人民法院可以被诉侵权人相关产品销售利润为基础，计算损害赔偿数额；销售利润难以确定的，可以依据权利人相关产品销售价格及销售利润率乘以被诉侵权人相关产品销售数量为基础，计算损害赔偿数额。

2. 某公司诉环保公司等侵害技术秘密纠纷案（人民法院案例库 2024-13-2-176-006）

　　裁判摘要：侵害技术秘密纠纷案件中，权利人主张保护整套工艺流程图纸的技术信息，被诉侵权人有渠道接触权利人图纸，被诉侵权人图纸亦完整反映该工艺流程，其中部分信息与权利人图纸中的信息实质相同，甚至存在非通用符号一致、错别字一致等情形，被诉侵权人对此难以作出合理解释的，可以推定其不正当获取并使用了权利人整套工艺流程图纸的技术信息。侵权行为既体现公司意志，又体现法定代表人个人意志的，可以认定法定代表人与公司共同实施了侵权行为。如法定代表人未直接实施侵权行为，公司的侵权行为也不能体现出法定代表人个人意志，则不能认定法定代表人与公司构成共同侵权。

3. 开发公司诉魏某乙、胡某、甲科技公司、乙科技公司侵害商业秘密纠纷案（人民法院案例库 2024-13-2-176-003）

　　裁判摘要：董事、监事、高级管理人员以公司仅与普通员工签订有保密协议，未单独与其签订保密协议为由，主张保密措施不成立的，人民法院一般不予支持。禁止侵害客户名单经营秘密的核心在于禁止侵权人利用该经营秘密作为"跳板"，节省以正当方式获取该经营秘密信息所应付出的时间、金钱成本，从而削弱权利人的竞争优势。被诉侵权人已经离开原单位较长时间，随着时间的推移和市场供需关系的变化，其在原单位掌握的经营秘密所能带来的竞争优势已经明显减弱甚至消失的，人民法院可以视情不再判决停止使用该经营秘密。

4. 模具公司诉李某峰等侵害商业秘密纠纷案（人民法院案例库 2024-13-2-176-008）

　　裁判摘要：权利人原则上应当在一审法庭辩论结束前明确所主

张的技术秘密具体内容；对于一审法庭辩论结束后提出的新的技术秘密内容，人民法院一般不予审查。但是，权利人在一审法庭辩论结束后提出的技术秘密内容未超出原内容范围，也未实质改变原内容的，可以认定该新提出的内容仅构成对原内容的解释和说明，而不构成原内容之外的新的内容。该解释和说明有利于准确查明和确定技术秘密内容，也不会损害各方当事人的诉讼权益，原则上应予审理。

5. 荷兰某公司诉智能装备公司专利权权属纠纷案（人民法院案例库 2023-13-2-160-067）

裁判摘要：技术秘密权利人以侵害技术秘密作为请求权基础，主张有关专利权归其所有的，人民法院在审理过程中应当审查专利文件是否披露了权利人主张的技术秘密或者专利技术是否使用了该技术秘密，以及技术秘密是否构成专利技术方案的实质性内容。在判断涉案专利文件是否披露了技术秘密时，当技术秘密权利人提供证据证明专利文件披露的技术方案与其主张的技术秘密相同或者实质相同且被诉专利权人在专利申请日前有渠道或者机会获取技术秘密权利人的技术秘密的，一般可推定被诉专利权人采取不正当手段获取了该技术秘密并予以披露的事实成立。如被诉专利权人主张其自行研发完成了被诉侵权技术方案或者被诉侵权技术方案具有正当来源的，应当承担证明责任。

6. 机械公司诉曹某、李某保、周某、某公司、木业公司侵害技术秘密纠纷案（人民法院案例库 2023-13-2-176-013）

裁判摘要：确定技术秘密侵权损害赔偿数额时，可以考虑技术秘密的性质、商业价值、研究开发成本、创新程度、能带来的竞争优势、技术贡献度和侵权人的主观过错、侵权情节，以及现有证据能证明的部分侵权损失或者侵权获利情况等因素。技术秘密的披露是一次性行为，权利人已就同一主体的同一技术秘密信息向另一主体披露的行为提起诉讼，又在诉讼过程中或者裁判生效后再次就此提起诉讼的，构成重复诉讼。

7. 医药公司诉药业公司专利权权属纠纷案（人民法院案例库 2023-13-2-160-050）

裁判摘要：技术秘密权利人以侵害技术秘密作为请求权基础，主张有关专利申请权或者专利权归其所有的，人民法院应当审查专利文件是否披露了或者专利技术方案是否使用了该技术秘密，以及技术秘密是否构成专利技术方案的实质性内容。如果技术秘密确为专利文件所披露或者专利技术方案所使用，且其构成专利技术方案的实质性内容，则技术秘密权利人对有关专利申请或者专利享有相应权利。

8. 某传媒集团诉文化传媒公司侵害商业秘密纠纷案（人民法院案例库 2023-09-2-176-015）

裁判摘要：《反不正当竞争法》规定中侵害商业秘密的"披露"行为，其构成要件与民法中的过错责任原则相一致，其中的主观要件除故意之外，还应当包括重大过失。行为人将权利人的商业秘密置于存在高度泄密风险的云盘中，其保密措施与该商业秘密的重要程度和商业价值明显不符，应当认定行为人对于该商业秘密被泄露在主观上存在重大过失，亦构成"披露"商业秘密的不正当竞争行为。

9. 运输公司诉油田技术公司、谭某串通投标不正当竞争纠纷案（人民法院案例库 2023-09-2-181-001）

裁判摘要：投标文件由投标人自行制作，在开标之前必然采取密封措施，标底降幅不为公众和其他投标单位所知晓，具有秘密性。标书的制作限于参与投标活动的人员范围，并且标书的天然秘密属性要求任何知道标书内容的人都应负有保密的义务。标书所有人对标书进行封存即可视为对标书采取了保密措施。在标书开封之前，竞标者的标底降幅能使其保有一定的竞争优势，一旦中标就能带来经济利益。因此，标底降幅符合商业秘密的构成要件，属于商业秘密中的经营信息的，应当予以保护。

第十一条　禁止违法有奖销售

经营者进行有奖销售不得存在下列情形：

（一）所设奖的种类、兑奖条件、奖金金额或者奖品等有奖销售信息不明确，影响兑奖；

（二）有奖销售活动开始后，无正当理由变更所设奖的种类、兑奖条件、奖金金额或者奖品等有奖销售信息；

（三）采用谎称有奖或者故意让内定人员中奖等欺骗方式进行有奖销售；

（四）抽奖式的有奖销售，最高奖的金额超过五万元。

● 法　律

1. 《**产品质量法**》（2018年12月29日）

第5条　禁止伪造或者冒用认证标志等质量标志；禁止伪造产品的产地，伪造或者冒用他人的厂名、厂址；禁止在生产、销售的产品中掺杂、掺假，以假充真，以次充好。

第32条　生产者生产产品，不得掺杂、掺假，不得以假充真、以次充好，不得以不合格产品冒充合格产品。

第39条　销售者销售产品，不得掺杂、掺假，不得以假充真、以次充好，不得以不合格产品冒充合格产品。

2. 《**消费者权益保护法**》（2013年10月25日）

第10条　消费者享有公平交易的权利。

消费者在购买商品或者接受服务时，有权获得质量保障、价格合理、计量正确等公平交易条件，有权拒绝经营者的强制交易行为。

第23条　经营者应当保证在正常使用商品或者接受服务的情况下其提供的商品或者服务应当具有的质量、性能、用途和有效期限；但消费者在购买该商品或者接受该服务前已经知道其存在瑕疵，且存在该瑕疵不违反法律强制性规定的除外。

经营者以广告、产品说明、实物样品或者其他方式表明商品或者服务的质量状况的,应当保证其提供的商品或者服务的实际质量与表明的质量状况相符。

经营者提供的机动车、计算机、电视机、电冰箱、空调器、洗衣机等耐用商品或者装饰装修等服务,消费者自接受商品或者服务之日起六个月内发现瑕疵,发生争议的,由经营者承担有关瑕疵的举证责任。

第56条 经营者有下列情形之一,除承担相应的民事责任外,其他有关法律、法规对处罚机关和处罚方式有规定的,依照法律、法规的规定执行;法律、法规未作规定的,由工商行政管理部门或者其他有关行政部门责令改正,可以根据情节单处或者并处警告、没收违法所得、处以违法所得一倍以上十倍以下的罚款,没有违法所得的,处以五十万元以下的罚款;情节严重的,责令停业整顿、吊销营业执照:

(一)提供的商品或者服务不符合保障人身、财产安全要求的;

(二)在商品中掺杂、掺假,以假充真,以次充好,或者以不合格商品冒充合格商品的;

(三)生产国家明令淘汰的商品或者销售失效、变质的商品的;

(四)伪造商品的产地,伪造或者冒用他人的厂名、厂址,篡改生产日期,伪造或者冒用认证标志等质量标志的;

(五)销售的商品应当检验、检疫而未检验、检疫或者伪造检验、检疫结果的;

(六)对商品或者服务作虚假或者引人误解的宣传的;

(七)拒绝或者拖延有关行政部门责令对缺陷商品或者服务采取停止销售、警示、召回、无害化处理、销毁、停止生产或者服务等措施的;

（八）对消费者提出的修理、重作、更换、退货、补足商品数量、退还货款和服务费用或者赔偿损失的要求，故意拖延或者无理拒绝的；

（九）侵害消费者人格尊严、侵犯消费者人身自由或者侵害消费者个人信息依法得到保护的权利的；

（十）法律、法规规定的对损害消费者权益应当予以处罚的其他情形。

经营者有前款规定情形的，除依照法律、法规规定予以处罚外，处罚机关应当记入信用档案，向社会公布。

● 部门规章及文件

3. 《规范促销行为暂行规定》（2020年12月29日）

第二章　促销行为一般规范

第5条　经营者开展促销活动，应当真实准确，清晰醒目标示活动信息，不得利用虚假商业信息、虚构交易或者评价等方式作虚假或者引人误解的商业宣传，欺骗、误导消费者或者相关公众（以下简称消费者）。

第6条　经营者通过商业广告、产品说明、销售推介、实物样品或者通知、声明、店堂告示等方式作出优惠承诺的，应当履行承诺。

第7条　卖场、商场、市场、电子商务平台经营者等交易场所提供者（以下简称交易场所提供者）统一组织场所内（平台内）经营者开展促销的，应当制定相应方案，公示促销规则、促销期限以及对消费者不利的限制性条件，向场所内（平台内）经营者提示促销行为注意事项。

第8条　交易场所提供者发现场所内（平台内）经营者在统一组织的促销中出现违法行为的，应当依法采取必要处置措施，保存有关信息记录，依法承担相应义务和责任，并协助市场监督管理部门查处违法行为。

第9条　经营者不得假借促销等名义，通过财物或者其他手段贿赂他人，以谋取交易机会或者竞争优势。

第10条　经营者在促销活动中提供的奖品或者赠品必须符合国家有关规定，不得以侵权或者不合格产品、国家明令淘汰并停止销售的商品等作为奖品或者赠品。

国家对禁止用于促销活动的商品有规定的，依照其规定。

　　　　　第三章　有奖销售行为规范

第11条　本规定所称有奖销售，是指经营者以销售商品或者获取竞争优势为目的，向消费者提供奖金、物品或者其他利益的行为，包括抽奖式和附赠式等有奖销售。

抽奖式有奖销售是指经营者以抽签、摇号、游戏等带有偶然性或者不确定性的方法，决定消费者是否中奖的有奖销售行为。

附赠式有奖销售是指经营者向满足一定条件的消费者提供奖金、物品或者其他利益的有奖销售行为。

经政府或者政府有关部门依法批准的有奖募捐及其他彩票发售活动，不适用本规定。

第12条　经营者为了推广移动客户端、招揽客户、提高知名度、获取流量、提高点击率等，附带性地提供物品、奖金或者其他利益的行为，属于本规定所称的有奖销售。

第13条　经营者在有奖销售前，应当明确公布奖项种类、参与条件、参与方式、开奖时间、开奖方式、奖金金额或者奖品价格、奖品品名、奖品种类、奖品数量或者中奖概率、兑奖时间、兑奖条件、兑奖方式、奖品交付方式、弃奖条件、主办方及其联系方式等信息，不得变更，不得附加条件，不得影响兑奖，但有利于消费者的除外。

在现场即时开奖的有奖销售活动中，对超过五百元奖项的兑奖情况，应当随时公示。

第 14 条　奖品为积分、礼券、兑换券、代金券等形式的，应当公布兑换规则、使用范围、有效期限以及其他限制性条件等详细内容；需要向其他经营者兑换的，应当公布其他经营者的名称、兑换地点或者兑换途径。

第 15 条　经营者进行有奖销售，不得采用以下谎称有奖的方式：

（一）虚构奖项、奖品、奖金金额等；

（二）仅在活动范围中的特定区域投放奖品；

（三）在活动期间将带有中奖标志的商品、奖券不投放、未全部投放市场；

（四）将带有不同奖金金额或者奖品标志的商品、奖券按不同时间投放市场；

（五）未按照向消费者明示的信息兑奖；

（六）其他谎称有奖的方式。

第 16 条　经营者进行有奖销售，不得采用让内部员工、指定单位或者个人中奖等故意让内定人员中奖的欺骗方式。

第 17 条　抽奖式有奖销售最高奖的金额不得超过五万元。有下列情形之一的，认定为最高奖的金额超过五万元：

（一）最高奖设置多个中奖者的，其中任意一个中奖者的最高奖金额超过五万元；

（二）同一奖券或者购买一次商品具有两次或者两次以上获奖机会的，累计金额超过五万元；

（三）以物品使用权、服务等形式作为奖品的，该物品使用权、服务等的市场价格超过五万元；

（四）以游戏装备、账户等网络虚拟物品作为奖品的，该物品市场价格超过五万元；

（五）以降价、优惠、打折等方式作为奖品的，降价、优惠、打折等利益折算价格超过五万元；

（六）以彩票、抽奖券等作为奖品的，该彩票、抽奖券可能的最高奖金额超过五万元；

（七）以提供就业机会、聘为顾问等名义，并以给付薪金等方式设置奖励，最高奖的金额超过五万元；

（八）以其他形式进行抽奖式有奖销售，最高奖金额超过五万元。

第18条　经营者以非现金形式的物品或者其他利益作为奖品的，按照同期市场同类商品的价格计算其金额。

第19条　经营者应当建立档案，如实、准确、完整地记录设奖规则、公示信息、兑奖结果、获奖人员等内容，妥善保存两年并依法接受监督检查。

第四章　价格促销行为规范

第20条　经营者开展价格促销活动有附加条件的，应当显著标明条件。经营者开展限时减价、折价等价格促销活动的，应当显著标明期限。

第21条　经营者折价、减价，应当标明或者通过其他方便消费者认知的方式表明折价、减价的基准。

未标明或者表明基准的，其折价、减价应当以同一经营者在同一经营场所内，在本次促销活动前七日内最低成交价格为基准。如果前七日内没有交易的，折价、减价应当以本次促销活动前最后一次交易价格为基准。

第22条　经营者通过积分、礼券、兑换券、代金券等折抵价款的，应当以显著方式标明或者通过店堂告示等方式公开折价计算的具体办法。

未标明或者公开折价计算具体办法的，应当以经营者接受兑换时的标价作为折价计算基准。

4.《盲盒经营行为规范指引（试行）》（2023年6月8日）

第2条　在中华人民共和国境内开展盲盒经营，适用本指引。

本指引所称盲盒经营，是指经营者在合法经营范围内，在事先告知商品或者服务的特定范围而不告知商品确定型号、款式或者服务内容的情况下，通过互联网、实体店、自动贩卖机等形式，以消费者随机抽取的方式销售特定范围内商品或者服务的经营模式。

第3条　本指引所称盲盒经营者，是指从事盲盒商品生产、以盲盒形式销售商品或者提供服务的主体。

第4条　盲盒经营者应当遵循自愿、平等、公平、诚信的原则，遵守法律、商业道德和公序良俗，履行经营者主体责任和社会责任，倡导并主动提醒消费者理性消费，维护消费者合法权益。

第5条　盲盒经营应当符合相关法律法规的规定，一般在日常生活、文艺娱乐等领域内开展。

以盲盒形式销售或者提供依法需要取得许可的商品或者服务的，应当取得许可后开展相关经营行为。

法律法规明确规定禁止销售、流通的商品或者禁止提供的服务，不得以盲盒形式进行销售或者提供。

药品、医疗器械、有毒有害物品、易燃易爆物品、活体动物等在使用条件、存储运输、检验检疫等方面有严格要求的商品，不得以盲盒形式销售。食品、化妆品，不具备保障质量安全和消费者权益条件的，不应当以盲盒形式销售。

无法投递又无法退回的快件，不得以盲盒形式销售。

第6条　通过互联网、实体店、自助销售设备等形式从事盲盒经营的，应当在醒目位置公示营业执照等经营者主体信息。

第7条　盲盒经营者应当依据生产经营成本和市场供求状况，合理确定盲盒价格。

盲盒经营者提供商品或者服务应当明码标价，不得收取任何未予标明的费用，不得在标价之外加价出售商品，不得实施不按规定明码标价、哄抬价格、价格欺诈等违法行为。

第8条 通过盲盒形式销售的，同一套系商品或者服务的成本差距不应过大。盲盒商品价格不应与相同非盲盒销售商品价格差距过大。

第9条 盲盒经营者应当将商品名称、商品种类、商品样式、抽取规则、商品分布、限量商品投放数量、抽取概率、商品价值范围等关键信息以显著方式对外公示，保证消费者在购买前知晓。

盲盒经营者不得通过后台操纵改变抽取结果、随意调整抽取概率等方式变相诱导消费。不得以折现、回购、换购等方式拒绝或者故意拖延发放盲盒。不得设置空盒。

第10条 盲盒经营者应当建立和完善商品生产经营记录制度。

通过实体店、自助销售设备等现场方式或者互联网非即时公开方式销售的，盲盒经营者应当保留抽取概率设定并建立相应的出厂概率抽检机制。通过互联网即时公开方式销售的，盲盒经营者应当保留抽取概率设定、结果抽取的完整记录，建立追踪记录制度，确保消费者所抽取的商品发放到位，并自觉接受社会监督。

相关记录留存时间一般不少于3年。

第11条 鼓励盲盒经营者建立保底机制，通过设定抽取时间、抽取金额上限和次数上限等方式，引导理性消费。

鼓励盲盒经营者自觉承诺不囤货、不炒作、不直接进入二级市场，并自觉接受社会监督。

第12条 盲盒经营者应当按照法律法规规定，通过产品标签、消费提示等方式充分告知消费者盲盒商品的名称、产地、生产者、执行标准、性能、规格、成分、生产日期、有效期限、使用存储条件、安全警示、"三包"条款等关系商品质量的基本必要信息，标注的信息应当真实、准确。

第13条 盲盒经营者应当建立健全企业质量保障体系，加强生产、仓储、物流等环节的管理，保证商品来源可靠、质量合格。盲盒经营者生产、经营的商品，应当符合法律法规关于质量、安全的要求。

盲盒商品属于强制性产品认证目录范围的，应当获得认证并标注 CCC 认证标志。

盲盒经营者应当按照标准组织生产经营。盲盒商品没有国家标准、行业标准的，盲盒经营者应当制定相应的企业标准，对供应渠道、原材料、设计安全性能等方面严格把关。

第 14 条　盲盒经营者不得对抽盒规则、抽取概率、销售状况、用户评价、商品数量、商品规格、商品质量、服务提供方式等作虚假或者引人误解的商业宣传，欺骗、误导消费者。

第 15 条　盲盒经营者不得以格式条款等方式，作出排除或者限制消费者权利、减轻或者免除经营者责任、加重消费者责任等对消费者不公平、不合理的规定。

第 16 条　网络交易平台经营者应当严格落实主体责任，定期对平台内盲盒经营者真实信息进行核验，建立健全检查监控制度，强化对平台内盲盒经营者及其发布的商品和服务的动态监测。网络交易平台经营者如发现平台内盲盒经营商品或者服务信息存在相关违法违规情形的，应当依法采取必要的处置措施，并向有关主管部门报告。

第 17 条　盲盒经营者通过充分告知提示，并经消费者单次购买时确认后，以互联网形式销售的盲盒商品拆封后可以不适用七日无理由退货。盲盒经营者不得以默认勾选方式替代消费者确认环节。

以全包形式销售整套系列商品，该系列内商品清楚确定的，经营者应依法执行网购七日无理由退货规定。

第 18 条　盲盒经营者提供的商品或者服务不符合质量要求的或者与经营者明示不符的，应当依法履行退货、更换、修理等义务，不得故意拖延或者无理拒绝。

第 19 条　盲盒经营者、网络交易平台经营者等相关主体应当建立便捷、有效的投诉处理机制，公开投诉方式、处理流程、退换货标准等信息，配合监管部门的监督指导，提高消费争议解决效率。

第 20 条　盲盒经营者应当加强对自有商品的商标、专利及著作权等相关知识产权的保护力度，规范知识产权自用、授权使用等行为，在盲盒经营中不得侵犯他人知识产权。

鼓励盲盒经营者加强自主知识产权创新开发，弘扬中华优秀传统文化。

第 21 条　盲盒商品或者服务不得含有歪曲历史、封建迷信、淫秽色情、恐怖暴力、宗教极端、民族歧视、分裂国家等法律法规禁止以及违背公序良俗的内容。

盲盒经营者不得以盲盒名义从事或者变相从事赌博活动。

第 22 条　食品经营者在从事食品销售、餐饮服务过程中附赠其他盲盒商品开展促销活动的，应当遵守《中华人民共和国反食品浪费法》有关规定。餐饮服务经营者不得诱导、误导消费者超量点餐。

第 23 条　盲盒经营者不得向未满 8 周岁未成年人销售盲盒。向 8 周岁及以上未成年人销售盲盒商品，应当依法确认已取得相关监护人的同意。

盲盒经营者应当以显著方式提示 8 周岁及以上未成年人购买盲盒需取得相关监护人同意。

盲盒经营者应当采取有效措施防止未成年人沉迷，保护未成年人身心健康，在解决未成年人消费争议方面提供便利。

鼓励地方有关部门出台保护性措施，对小学校园周围的盲盒销售模式包括距离、内容等进行具体规范。

第 24 条　鼓励盲盒经营相关行业组织加强行业自律，制定自律准则，建立健全第三方监督机制，加强对隐藏款抽取、经营宣传、商品投放等具体行为及盲盒商品质量的监督。鼓励、支持盲盒经营相关企业、社会组织等制定科学合理的企业标准、团体标准。

第 25 条　鼓励、支持消费者协会等法律规定的社会组织依法进行社会监督，保护消费者在盲盒消费中的合法权益。

第 26 条　以盲盒形式开展促销活动的，应当遵守《规范促销行为暂行规定》等规定。

第 27 条　盲盒经营者应当遵守行业主管部门相关规定要求，做好运营管理，规范经营行为。

第 28 条　盲盒经营者违反法律法规规定销售有毒有害物品、易燃易爆物品、活体动物、无法投递又无法退回的快件等的，由有关部门依法依职责进行查处。

第十二条　禁止商业诋毁

经营者不得编造、传播或者指使他人编造、传播虚假信息或者误导性信息，损害其他经营者的商业信誉、商品声誉。

● 法　律

1.《民法典》（2020 年 5 月 28 日）

第 109 条　自然人的人身自由、人格尊严受法律保护。

第 110 条　自然人享有生命权、身体权、健康权、姓名权、肖像权、名誉权、荣誉权、隐私权、婚姻自主权等权利。

法人、非法人组织享有名称权、名誉权和荣誉权。

第 1024 条　民事主体享有名誉权。任何组织或者个人不得以侮辱、诽谤等方式侵害他人的名誉权。

名誉是对民事主体的品德、声望、才能、信用等的社会评价。

第 1031 条　民事主体享有荣誉权。任何组织或者个人不得非法剥夺他人的荣誉称号，不得诋毁、贬损他人的荣誉。

获得的荣誉称号应当记载而没有记载的，民事主体可以请求记载；获得的荣誉称号记载错误的，民事主体可以请求更正。

2. 《广告法》（2021 年 4 月 29 日）

第 13 条　广告不得贬低其他生产经营者的商品或者服务。

3. 《民营经济促进法》（2025 年 4 月 30 日）

第 59 条　民营经济组织的名称权、名誉权、荣誉权和民营经济组织经营者的名誉权、荣誉权、隐私权、个人信息等人格权益受法律保护。

任何单位和个人不得利用互联网等传播渠道，以侮辱、诽谤等方式恶意侵害民营经济组织及其经营者的人格权益。网络服务提供者应当依照有关法律法规规定，加强网络信息内容管理，建立健全投诉、举报机制，及时处置恶意侵害当事人合法权益的违法信息，并向有关主管部门报告。

人格权益受到恶意侵害的民营经济组织及其经营者有权依法向人民法院申请采取责令行为人停止有关行为的措施。民营经济组织及其经营者的人格权益受到恶意侵害致使民营经济组织生产经营、投资融资等活动遭受实际损失的，侵权人依法承担赔偿责任。

● 司法解释及文件

4. 《最高人民法院关于适用〈中华人民共和国反不正当竞争法〉若干问题的解释》（2022 年 3 月 16 日）

第 19 条　当事人主张经营者实施了反不正当竞争法第十一条规定的商业诋毁行为的，应当举证证明其为该商业诋毁行为的特定损害对象。

第 20 条　经营者传播他人编造的虚假信息或者误导性信息，

损害竞争对手的商业信誉、商品声誉的，人民法院应当依照反不正当竞争法第十一条予以认定。

● 案例指引

1. 某公司诉某中心商业诋毁纠纷案（人民法院案例库 2025-09-2-180-001）

  裁判摘要：在商业诋毁纠纷中认定涉案信息是否具有误导性，应当以相关公众的知识水平和认知能力作为标准，综合考虑信息传播者主体、信息内容、表达方式、传播途径、传播范围等因素，确定涉案信息是否足以导致相关公众产生误解，最终损害竞争对手的商业信誉、商品声誉。经营者在合理范围内对竞争对手或其商品进行的商业评论，评论内容不构成误导性信息、不会导致相关公众产生误解的，不构成商业诋毁。

2. 甲公司诉乙公司商业诋毁纠纷案（人民法院案例库 2023-09-2-180-003）

  裁判摘要：商业竞争关系中，商业主体通过发函警告等方式实施私力维权行为，应限于披露客观事实、提示法律风险、声明维权意愿等合理范围。没有根据、无中生有的或者虽有但已然被歪曲的信息，属于虚假信息；虽然真实但未得以完整陈述或经断章取义、宣传渲染、误导性解读等致人引发错误联想的信息，属于误导性信息。超出法律容忍度，编造、传播虚假或误导性信息，损害竞争对手商业信誉或商品声誉的，构成商业诋毁，应当承担相应民事责任。

第十三条　网络不正当竞争行为规制

  经营者利用网络从事生产经营活动，应当遵守本法的各项规定。

  经营者不得利用数据和算法、技术、平台规则等，通过影响用户选择或者其他方式，实施下列妨碍、破坏其他经营者合法提供的网络产品或者服务正常运行的行为：

（一）未经其他经营者同意，在其合法提供的网络产品或者服务中，插入链接、强制进行目标跳转；

（二）误导、欺骗、强迫用户修改、关闭、卸载其他经营者合法提供的网络产品或者服务；

（三）恶意对其他经营者合法提供的网络产品或者服务实施不兼容；

（四）其他妨碍、破坏其他经营者合法提供的网络产品或者服务正常运行的行为。

经营者不得以欺诈、胁迫、避开或者破坏技术管理措施等不正当方式，获取、使用其他经营者合法持有的数据，损害其他经营者的合法权益，扰乱市场竞争秩序。

经营者不得滥用平台规则，直接或者指使他人对其他经营者实施虚假交易、虚假评价或者恶意退货等行为，损害其他经营者的合法权益，扰乱市场竞争秩序。

● 部门规章及文件

1. 《网络反不正当竞争暂行规定》（2024年5月6日）

第7条 经营者不得利用网络实施下列混淆行为，引人误以为是他人商品（本规定所称商品包括服务）或者与他人存在特定联系：

（一）擅自使用与他人有一定影响的域名主体部分、网站名称、网页等相同或者近似的标识；

（二）擅自将他人有一定影响的商品名称、企业名称（包括简称、字号等）、社会组织名称（包括简称等）、姓名（包括笔名、艺名、译名等）作为域名主体部分等网络经营活动标识；

（三）擅自使用与他人有一定影响的应用软件、网店、客户端、小程序、公众号、游戏界面等的页面设计、名称、图标、形状等相同或者近似的标识；

（四）擅自使用他人有一定影响的网络代称、网络符号、网络简称等标识；

（五）生产销售足以引人误认为是他人商品或者与他人存在特定联系的商品；

（六）通过提供网络经营场所等便利条件，与其他经营者共同实施混淆行为；

（七）其他利用网络实施的足以引人误认为是他人商品或者与他人存在特定联系的混淆行为。

擅自将他人有一定影响的商业标识设置为搜索关键词，足以引人误认为是他人商品或者与他人存在特定联系的，属于前款规定的混淆行为。

第8条　经营者不得采取下列方式，对商品生产经营主体以及商品性能、功能、质量、来源、曾获荣誉、资格资质等作虚假或者引人误解的商业宣传，欺骗、误导消费者或者相关公众：

（一）通过网站、客户端、小程序、公众号等进行展示、演示、说明、解释、推介或者文字标注；

（二）通过直播、平台推荐、网络文案等方式，实施商业营销活动；

（三）通过热搜、热评、热转、榜单等方式，实施商业营销活动；

（四）其他虚假或者引人误解的商业宣传。

经营者不得帮助其他经营者实施前款虚假或者引人误解的商业宣传行为。

第9条　经营者不得实施下列行为，对商品生产经营主体以及商品销售状况、交易信息、经营数据、用户评价等作虚假或者引人误解的商业宣传，欺骗、误导消费者或者相关公众：

（一）虚假交易、虚假排名；

（二）虚构交易额、成交量、预约量等与经营有关的数据信息；

（三）采用谎称现货、虚构预订、虚假抢购等方式进行营销；

（四）编造用户评价，或者采用误导性展示等方式隐匿差评、将好评前置、差评后置、不显著区分不同商品的评价等；

（五）以返现、红包、卡券等方式利诱用户作出指定好评、点赞、定向投票等互动行为；

（六）虚构收藏量、点击量、关注量、点赞量、阅读量、订阅量、转发量等流量数据；

（七）虚构投票量、收听量、观看量、播放量、票房、收视率等互动数据；

（八）虚构升学率、考试通过率、就业率等教育培训效果；

（九）采用伪造口碑、炮制话题、制造虚假舆论热点、虚构网络就业者收入等方式进行营销；

（十）其他虚假或者引人误解的商业宣传行为。

经营者不得通过组织虚假交易、组织虚假排名等方式，帮助其他经营者实施前款虚假或者引人误解的商业宣传行为。

第10条 经营者不得采用财物或者其他手段，贿赂平台工作人员、对交易有影响的单位或者个人，以谋取交易机会或者在流量、排名、跟帖服务等方面的竞争优势。

前款所称的财物，包括现金、物品、网络虚拟财产以及礼券、基金、股份、债务免除等其他财产权益。

第11条 经营者不得利用网络编造、传播虚假信息或者误导性信息，实施下列损害或者可能损害竞争对手的商业信誉、商品声誉的行为：

（一）组织、指使他人对竞争对手的商品进行恶意评价；

（二）利用或者组织、指使他人通过网络散布虚假或者误导性信息；

（三）利用网络传播含有虚假或者误导性信息的风险提示、告客户书、警告函或者举报信等；

（四）其他编造、传播虚假或者误导性信息，损害竞争对手商业信誉、商品声誉的行为。

客户端、小程序、公众号运营者以及提供跟帖评论服务的组织或者个人，不得故意与经营者共同实施前款行为。

本条所称的商业信誉，是指经营者在商业活动中的信用和名誉，包括相关公众对该经营者的资信状况、商业道德、技术水平、经济实力等方面的评价。

本条所称的商品声誉，是指商品在质量、品牌等方面的美誉度和知名度。

第12条　经营者不得利用互联网、大数据、算法等技术手段，通过影响用户选择或者其他方式，实施流量劫持、干扰、恶意不兼容等行为，妨碍、破坏其他经营者合法提供的网络产品或者服务正常运行。

前款所称的影响用户选择，包括违背用户意愿和选择权、增加操作复杂性、破坏使用连贯性等。

判定是否构成第一款规定的不正当竞争行为，应当充分考虑是否有利于技术创新和行业发展等因素。

第13条　未经其他经营者同意，经营者不得利用技术手段，实施下列插入链接或者强制进行目标跳转等行为，妨碍、破坏其他经营者合法提供的网络产品或者服务正常运行：

（一）在其他经营者合法提供的网络产品或者服务中，插入跳转链接、嵌入自己或者他人的产品或者服务；

（二）利用关键词联想、设置虚假操作选项等方式，设置指向自身产品或者服务的链接，欺骗或者误导用户点击；

（三）其他插入链接或者强制进行目标跳转的行为。

第14条　经营者不得利用技术手段，误导、欺骗、强迫用户修改、关闭、卸载其他经营者合法提供的设备、功能或者其他程序等网络产品或者服务。

第15条 经营者不得利用技术手段，恶意对其他经营者合法提供的网络产品或者服务实施不兼容。

判定经营者是否恶意对其他经营者合法提供的网络产品或者服务实施不兼容，可以综合考虑以下因素：

（一）是否知道或者应当知道不兼容行为会妨碍、破坏其他经营者合法提供的网络产品或者服务正常运行；

（二）不兼容行为是否影响其他经营者合法提供的网络产品或者服务正常运行，是否影响网络生态开放共享；

（三）不兼容行为是否针对特定对象，是否违反公平、合理、无歧视原则；

（四）不兼容行为对消费者、使用该网络产品或者服务的第三方经营者合法权益以及社会公共利益的影响；

（五）不兼容行为是否符合行业惯例、从业规范、自律公约等；

（六）不兼容行为是否导致其他经营者合法提供的网络产品或者服务成本不合理增加；

（七）是否有正当理由。

第16条 经营者不得利用技术手段，直接、组织或者通过第三方实施以下行为，妨碍、破坏其他经营者合法提供的网络产品或者服务正常运行：

（一）故意在短期内与其他经营者发生大规模、高频次交易，或者给予好评等，使其他经营者受到搜索降权、降低信用等级、商品下架、断开链接、停止服务等处置；

（二）恶意在短期内批量拍下商品不付款；

（三）恶意批量购买后退货或者拒绝收货等。

第17条 经营者不得针对特定经营者，拦截、屏蔽其合法提供的信息内容以及页面，妨碍、破坏其他经营者合法提供的网络产品或者服务正常运行，扰乱市场公平竞争秩序。拦截、屏蔽非法信息，频繁弹出干扰用户正常使用的信息以及不提供关闭方式的漂浮视窗等除外。

第18条 经营者不得利用技术手段，通过影响用户选择、限流、屏蔽、搜索降权、商品下架等方式，干扰其他经营者之间的正常交易，妨碍、破坏其他经营者合法提供的网络产品或者服务的正常运行，扰乱市场公平竞争秩序。

经营者不得利用技术手段，通过限制交易对象、销售区域或者时间、参与促销推广活动等，影响其他经营者的经营选择，妨碍、破坏交易相对方合法提供的网络产品或者服务的正常运行，扰乱市场公平交易秩序。

第19条 经营者不得利用技术手段，非法获取、使用其他经营者合法持有的数据，妨碍、破坏其他经营者合法提供的网络产品或者服务的正常运行，扰乱市场公平竞争秩序。

第20条 经营者不得利用技术手段，对条件相同的交易相对方不合理地提供不同的交易条件，侵害交易相对方的选择权、公平交易权等，妨碍、破坏其他经营者合法提供的网络产品或者服务正常运行，扰乱市场公平交易秩序。

以下情形不属于前款规定的不正当竞争行为：

（一）根据交易相对人实际需求且符合正当的交易习惯和行业惯例，实行不同交易条件的；

（二）针对新用户在合理期限内开展的优惠活动；

（三）基于公平、合理、无歧视的规则实施的随机性交易。

第21条 经营者不得利用技术手段，通过下列方式，实施妨碍、破坏其他经营者合法提供的网络产品或者服务正常运行的行为：

（一）违背用户意愿下载、安装、运行应用程序；

（二）无正当理由，对其他经营者合法提供的网络产品或者服务实施拦截、拖延审查、下架，以及其他干扰下载、安装、运行、更新、传播等行为；

（三）对相关设备运行非必需的应用程序不提供卸载功能或者对应用程序卸载设置不合理障碍；

（四）无正当理由，对其他经营者合法提供的网络产品或者服务，实施搜索降权、限制服务内容、调整搜索结果的自然排序等行为；

（五）其他妨碍、破坏其他经营者合法提供的网络产品或者服务正常运行的行为。

第22条 经营者不得违反本规定，实施其他网络不正当竞争行为，扰乱市场竞争秩序，影响市场公平交易，损害其他经营者或者消费者合法权益。

第23条 具有竞争优势的平台经营者没有正当理由，不得利用技术手段，滥用后台交易数据、流量等信息优势以及管理规则，通过屏蔽第三方经营信息、不正当干扰商品展示顺序等方式，妨碍、破坏其他经营者合法提供的网络产品或者服务正常运行，扰乱市场公平竞争秩序。

第24条 平台经营者不得利用服务协议、交易规则等手段，对平台内经营者在平台内的交易、交易价格以及与其他经营者的交易等进行不合理限制或者附加不合理条件。主要包括以下情形：

（一）强制平台内经营者签订排他性协议；

（二）对商品的价格、销售对象、销售区域或者销售时间进行不合理的限制；

（三）不合理设定扣取保证金，削减补贴、优惠和流量资源等限制；

（四）利用服务协议、交易规则对平台内经营者的交易进行其他不合理限制或者附加不合理条件。

第25条 平台经营者应当在服务协议、交易规则中公平合理确定收费标准,不得违背商业道德、行业惯例,向平台内经营者收取不合理的服务费用。

第26条 判定构成妨碍、破坏其他经营者合法提供的网络产品或者服务正常运行,可以综合考虑下列因素:

(一)其他经营者合法提供的网络产品或者服务是否无法正常使用;

(二)其他经营者合法提供的网络产品或者服务是否无法正常下载、安装、更新或者卸载;

(三)其他经营者合法提供的网络产品或者服务成本是否不合理增加;

(四)其他经营者合法提供的网络产品或者服务的用户或者访问量是否不合理减少;

(五)用户合法利益是否遭受损失,或者用户体验和满意度是否下降;

(六)行为频次、持续时间;

(七)行为影响的地域范围、时间范围等;

(八)是否利用其他经营者的网络产品或者服务牟取不正当利益。

2.《市场监管总局关于加强网络直播营销活动监管的指导意见》(2020年11月5日)

二、压实有关主体法律责任

(一)压实网络平台法律责任。网络平台为采用网络直播方式销售商品或提供服务的经营者提供网络经营场所、交易撮合、信息发布等服务,供交易双方或多方独立开展交易活动的,特别是网络平台开放网络直播推广服务经营者入驻功能、为采用网络直播方式推广商品或服务的经营者提供直播技术服务的,应按照《电子商务法》规定履行电子商务平台经营者的责任和义务。

网络平台为商品经营者（含服务提供者，下同）或网络直播者提供付费导流等服务，对网络直播营销活动进行宣传、推广，构成商业广告的，应按照《广告法》规定履行广告发布者或广告经营者的责任和义务。

网络平台以其他方式为其用户提供网络直播技术服务，应根据平台是否参与运营、分佣、平台对用户的控制力等具体情形，适用《电子商务法》关于电子商务平台经营者的相关责任和义务，或适用法律法规关于网络服务提供者的责任和义务。

（二）压实商品经营者法律责任。通过网络直播销售商品或提供服务，应按照《电子商务法》《消费者权益保护法》《反不正当竞争法》《产品质量法》《食品安全法》《广告法》《价格法》《商标法》《专利法》等相关法律规定，履行相应的责任和义务。

（三）压实网络直播者法律责任。自然人、法人或其他组织采用网络直播方式对商品或服务的性能、功能、质量、销售状况、用户评价、曾获荣誉等作宣传，应当真实、合法，符合《反不正当竞争法》有关规定。直播内容构成商业广告的，应按照《广告法》规定履行广告发布者、广告经营者或广告代言人的责任和义务。

三、严格规范网络直播营销行为

（四）规范商品或服务营销范围。商品经营者通过网络直播销售商品或提供服务，应遵守相关法律法规，建立并执行商品进货检查验收制度。不得通过网络直播销售法律、法规规定禁止生产、销售的商品或服务；不得通过网络直播发布法律、法规规定禁止在大众传播媒介发布的商业广告；不得通过网络直播销售禁止进行网络交易的商品或服务。

（五）规范广告审查发布。在网络直播营销活动中发布法律、行政法规规定应进行发布前审查的广告，应严格遵守广告审查有关规定。未经审查不得发布医疗、药品、医疗器械、农药、兽药、保健食品和特殊医学用途配方食品等法律、行政法规规定应当进行发布前审查的广告。

（六）保障消费者知情权和选择权。商品经营者通过网络直播销售商品或者服务的，应当在其网店首页显著位置，持续公示营业执照信息、与其经营业务有关的行政许可信息，并向消费者提供经营地址、联系方式、售后服务等信息。网络平台应当为公示上述信息提供技术支持等便利条件。

四、依法查处网络直播营销违法行为

（七）依法查处电子商务违法行为。针对网络直播营销中平台责任落实不到位等问题，依据《电子商务法》，重点查处擅自删除消费者评价、对平台内经营者侵害消费者合法权益行为未采取必要措施、未尽到资质资格审核义务、对消费者未尽到安全保障义务等违法行为。

（八）依法查处侵犯消费者合法权益违法行为。针对网络直播营销中售后服务保障不力等问题，依据《消费者权益保护法》，重点查处对消费者依法提出的修理、重作、更换、退货、补足商品数量、退还货款和服务费用或者赔偿损失的要求，故意拖延或者无理拒绝等违法行为。

（九）依法查处不正当竞争违法行为。针对网络直播营销中虚构交易或评价、网络直播者欺骗和误导消费者等不正当竞争问题，依据《反不正当竞争法》，重点查处实施虚假或者引人误解的商业宣传、帮助其他经营者进行虚假或者引人误解的商业宣传、仿冒混淆、商业诋毁和违法有奖销售等违法行为。

（十）依法查处产品质量违法行为。针对网络直播营销中售卖假冒伪劣产品等问题，依据《产品质量法》，重点查处在产品中掺杂掺假、以假充真、以次充好、以不合格产品冒充合格产品、伪造产品的产地和伪造或冒用他人厂名厂址等违法行为。

（十一）依法查处侵犯知识产权违法行为。针对网络直播营销中售卖侵犯知识产权产品等问题，依据《商标法》《专利法》，重点查处侵犯注册商标专用权、假冒专利等违法行为。

（十二）依法查处食品安全违法行为。针对网络直播营销中的食品安全问题，依据《食品安全法》，重点查处无经营资质销售食品、销售不符合食品安全标准的食品、销售标注虚假生产日期或超过保质期的食品等违法行为。

（十三）依法查处广告违法行为。针对网络直播营销中发布虚假违法广告问题，依据《广告法》，重点查处发布虚假广告、发布违背社会良好风尚的违法广告和违规广告代言等违法行为。

（十四）依法查处价格违法行为。针对网络直播营销中价格违法问题，依据《价格法》，重点查处哄抬价格、利用虚假的或者使人误解的价格手段诱骗消费者进行交易等违法行为。

各地市场监管部门要高度重视网络直播营销活动监管工作，加强组织领导，充分发挥综合执法优势，切实提升网络直播营销活动监管效能和水平。要加强与网信、公安、广电等部门的沟通协作，强化信息共享与协调配合，提升监管合力。要切实加大案件查办工作力度，做好行刑衔接工作，发现违法行为涉嫌犯罪的，应当及时将案件移送司法机关。

3. 《规范互联网信息服务市场秩序若干规定》（2011年12月29日）

第 5 条　互联网信息服务提供者不得实施下列侵犯其他互联网信息服务提供者合法权益的行为：

（一）恶意干扰用户终端上其他互联网信息服务提供者的服务，或者恶意干扰与互联网信息服务相关的软件等产品（"与互联网信息服务相关的软件等产品"以下简称"产品"）的下载、安装、运行和升级；

（二）捏造、散布虚假事实损害其他互联网信息服务提供者的合法权益，或者诋毁其他互联网信息服务提供者的服务或者产品；

（三）恶意对其他互联网信息服务提供者的服务或者产品实施不兼容；

（四）欺骗、误导或者强迫用户使用或者不使用其他互联网信息服务提供者的服务或者产品；

（五）恶意修改或者欺骗、误导、强迫用户修改其他互联网信息服务提供者的服务或者产品参数；

（六）其他违反国家法律规定，侵犯其他互联网信息服务提供者合法权益的行为。

第7条 互联网信息服务提供者不得实施下列侵犯用户合法权益的行为：

（一）无正当理由拒绝、拖延或者中止向用户提供互联网信息服务或者产品；

（二）无正当理由限定用户使用或者不使用其指定的互联网信息服务或者产品；

（三）以欺骗、误导或者强迫等方式向用户提供互联网信息服务或者产品；

（四）提供的互联网信息服务或者产品与其向用户所作的宣传或者承诺不符；

（五）擅自改变服务协议或者业务规程，降低服务质量或者加重用户责任；

（六）与其他互联网信息服务提供者的服务或者产品不兼容时，未主动向用户提示和说明；

（七）未经提示并由用户主动选择同意，修改用户浏览器配置或者其他设置；

（八）其他违反国家法律规定，侵犯用户合法权益的行为。

第8条 互联网信息服务提供者在用户终端上进行软件下载、安装、运行、升级、卸载等操作的，应当提供明确、完整的软件功能等信息，并事先征得用户同意。

互联网信息服务提供者不得实施下列行为：

（一）欺骗、误导或者强迫用户下载、安装、运行、升级、卸载软件；

（二）未提供与软件安装方式同等或者更便捷的卸载方式；

（三）在未受其他软件影响和人为破坏的情况下，未经用户主动选择同意，软件卸载后有可执行代码或者其他不必要的文件驻留在用户终端。

● 司法解释及文件

4.《最高人民法院关于适用〈中华人民共和国反不正当竞争法〉若干问题的解释》（2022年3月16日）

第21条 未经其他经营者和用户同意而直接发生的目标跳转，人民法院应当认定为反不正当竞争法第十二条第二款第一项规定的"强制进行目标跳转"。

仅插入链接，目标跳转由用户触发的，人民法院应当综合考虑插入链接的具体方式、是否具有合理理由以及对用户利益和其他经营者利益的影响等因素，认定该行为是否违反反不正当竞争法第十二条第二款第一项的规定。

第22条 经营者事前未明确提示并经用户同意，以误导、欺骗、强迫用户修改、关闭、卸载等方式，恶意干扰或者破坏其他经营者合法提供的网络产品或者服务，人民法院应当依照反不正当竞争法第十二条第二款第二项予以认定。

● 案例指引

1. 科技公司诉信息技术公司等网络不正当竞争纠纷案（人民法院案例库2024-09-2-182-004）

裁判摘要：经营者基于数据安全、用户隐私以及商业策略等考量，有权决定是否公开其所持有的数据。直播平台内主播收益和用户打赏的具体金额系非公开信息,他人通过技术手段获取上述数据并整理后予以公开并以此牟利,不仅破坏了直播产品的数据展示规则和运营秩序,而且侵害了用户的个人隐私,损害公平竞争秩序和直播行业的健康发展,构成《反不正当竞争法》第13条第4项规定的不正当竞争行为。在举证责任方面,因利用技术手段获取数据具有隐蔽性,在数据运营方已穷尽举证手段证明数据获取方可能采用不当技术手段的情况下,应当由数据获取方提供证据证明其数据获取方式的正当性。

2. 计算机公司诉甲科技公司、某服务部、乙科技公司不正当竞争纠纷案(人民法院案例库 2023-09-2-488-003)

裁判摘要:如被诉侵权行为属于《反不正当竞争法》第13条第2款前三项所规定的网络不正当竞争行为时,应当优先适用类型化条款进行调整;若被诉行为不属于前三项所调整的行为类型但符合"利用技术手段""妨碍、破坏网络产品正常运行"等条件,可以适用该条第四项"兜底条款"进行规制。被诉侵权行为虽发生在网络环境下,但不符合第13条第2款所列明的具体行为特征,可以适用《反不正当竞争法》第2条进行评价。适用第2条评判被诉行为时,通常应当考虑如下因素:一是被诉行为是否违反了诚信原则和相关行业的商业道德;二是被诉行为是否损害了其他经营者的合法权益;三是被诉行为是否损害了消费者利益;四是被诉行为是否损害了公平、健康的市场竞争秩序。

3. 计算机系统公司、甲科技公司诉网络技术公司、乙科技公司不正当竞争纠纷案(人民法院案例库 2025-09-2-488-001)

裁判摘要:对于数据处理者通过长期经营、投入大量人力物力积累聚集单一原始数据集合而成的数据资源整体,数据处理者享有竞争性权益。利用 Xposed 等外挂技术,将被诉侵权软件中的功能模块以嵌套于其他经营者开发经营的网络产品的方式运行,异化了该网络产品作为社交平台的服务功能,给用户使用该网络产品造成了干扰，同时危及该网络产品的安全、稳定、效率，属于《反不正当竞争法》第13条第2款第4项规定的妨碍、破坏其他经营者合法提供的网络产品或者服务正常运行的行为，构成不正当竞争行为。

4. 某公司、金融信息公司诉软件科技公司不正当竞争纠纷案（人民法院案例库2024-09-2-488-002）

裁判摘要：认定经营者提供网络抢购服务的行为不属于《反不正当竞争法》第13条明确列明的行为类型从而适用该条兜底条款时，除应考量其对抢购服务目标平台及用户是否造成损害外，还应审查其是否具有不正当性。提供网络抢购服务的经营者利用技术手段，为目标平台的用户提供不正当抢购优势，破坏目标平台既有的抢购规则并刻意绕过其监管措施，对目标平台的用户粘性和营商环境造成严重破坏的，可以认定构成不正当竞争。

第十四条　禁止低于成本价销售

> 平台经营者不得强制或者变相强制平台内经营者按照其定价规则，以低于成本的价格销售商品，扰乱市场竞争秩序。

● **法　律**

1.《电子商务法》（2018年8月31日）

第35条　电子商务平台经营者不得利用服务协议、交易规则以及技术等手段，对平台内经营者在平台内的交易、交易价格以及与其他经营者的交易等进行不合理限制或者附加不合理条件，或者向平台内经营者收取不合理费用。

● **部门规章及文件**

2.《关于制止低价倾销行为的规定》（1999年8月3日）

第2条　本规定所称低价倾销行为是指经营者在依法降价处

理商品之外，为排挤竞争对手或独占市场，以低于成本的价格倾销商品，扰乱正常生产经营秩序，损害国家利益或者其他经营者合法权益的行为。

第3条　本规定适用于实行市场调节价的商品。

第4条　本规定第二条所称成本是指生产成本、经营成本。

生产成本包括制造成本和由管理费用、财务费用、销售费用构成的期间费用。

经营成本包括购进商品进货成本和由经营费用、管理费用、财务费用构成的流通费用。

第5条　本规定所称低于成本，是指经营者低于其所经营商品的合理的个别成本。

在个别成本无法确认时，由政府价格主管部门按该商品行业平均成本及其下浮幅度认定。

第6条　本规定第二条所称依法降价处理的商品是指：

（一）积压商品；

（二）过季或者临近换季的商品；

（三）临近保质期限、有效期限的商品；

（四）临近保质期限的鲜活商品；

（五）因依法清偿债务、破产、转产、歇业等原因需要以低于成本的价格销售的商品。

第7条　本规定第二条所称以低于成本的价格倾销商品的行为是指：

（一）生产企业销售商品的出厂价格低于其生产成本的，或经销企业的销售价格低于其进货成本的；

（二）采用高规格、高等级充抵低规格、低等级等手段，变相降低价格，使生产企业实际出厂价格低于其生产成本，经销企业实际销售价格低于其进货成本的；

（三）通过采取折扣、补贴等价格优惠手段，使生产企业实际出厂价格低于其生产成本，经销企业实际销售价格低于其进货成本的；

（四）进行非对等物资串换，使生产企业实际出厂价格低于其生产成本，经销企业实际销售价格低于其进货成本的；

（五）通过以物抵债，使生产企业实际出厂价格低于其生产成本，经销企业实际销售价格低于其进货成本的；

（六）采取多发货少开票或不开票方法，使生产企业实际出厂价格低于其生产成本，经销企业实际销售价格低于其进货成本的；

（七）通过多给数量、批量优惠等方式，变相降低价格，使生产企业实际出厂价格低于其生产成本，经销企业实际销售价格低于其进货成本的；

（八）在招标投标中，采用压低标价等方式使生产企业实际出厂价格低于其生产成本，经销企业实际销售价格低于其进货成本的；

（九）采用其它方式，使生产企业实际出厂价格低于其生产成本，经销企业实际销售价格低于其进货成本的。

第8条 经营者应当依据生产经营成本和市场供求状况合理定价，并通过改进生产经营管理，降低生产经营成本，在市场竞争中获取合法利润。

第9条 经营者应当根据自身的经营条件建立、健全内部价格管理制度，建立并保留价格变动台帐。严格按照国家财经法规进行成本核算、费用分摊，准确记录与核定商品和服务成本，不得弄虚作假。

第10条 在个别成本无法确认时，行业组织应当协助政府价格主管部门测定行业平均成本及合理的下浮幅度，制止低价倾销行为。

第11条 违反《价格法》和本规定，属于跨省区的低价倾销行为，由国务院价格主管部门认定；属于省及省以下区域性的低价倾销行为，由省、自治区、直辖市人民政府价格主管部门认定。

第12条 经营者以低于成本的价格销售本规定第六条所列商品时，除正常标注应当标明的商品价格内容外，还应当清晰、准确地标明原价、降低后的价格或者折扣、赠送的商品或者服务内容。

第13条 为认定低价倾销行为，必要时，政府价格主管部门可以会同行业主管部门或者委托有资质的中介事务机构对个别成本予以认定。

第14条 行业组织受政府价格主管部门和行业主管部门的委托，对个别成本无法确认的商品进行行业平均成本测定及其信息发布。商品的行业平均成本及其下浮幅度由政府价格主管部门会同行业主管部门确定和公布。消费者和经营者在举报低价倾销行为时，可将其作为主要依据。政府价格主管部门在调查认定低价倾销行为时，可将其作为参考依据。

第15条 任何单位和个人均有权向政府价格主管部门举报低价倾销行为。政府价格主管部门应当对举报人员给予鼓励，并负责为举报者保密。

省级以下政府价格主管部门受理举报，或者认为存在以及可能存在低价倾销行为时，应当及时报请省级政府价格主管部门认定。

对于省及省以下区域性的低价倾销行为，省级政府价格主管部门可以根据需要委托当地政府价格主管部门进行调查。

对跨省区的低价倾销行为，国务院价格主管部门可以根据需要委托省级政府价格主管部门进行调查。

第16条 政府价格主管部门开展低价倾销调查时，应当听取行业组织、相关经营者、消费者和消费者协会的意见。

第 17 条　政府价格主管部门开展低价倾销调查时，经营者应当如实提供调查所必需的账簿、单据、凭证、文件以及其它资料。

第 18 条　省级以上人民政府价格主管部门依法对低价倾销行为实施行政处罚。

政府价格主管部门对低价倾销行为作出行政处罚决定之前，应当告知当事人有要求举行听证的权利；当事人要求听证的，政府价格主管部门应当组织听证。听证程序依照《中华人民共和国行政处罚法》第四十二条执行。

违反本规定第十二条的，按《中华人民共和国价格法》第四十二条规定处罚。

违反本规定第十七条，不如实提供调查所必需的账簿、单据、凭证、文件以及其它资料的，按《中华人民共和国价格法》第四十四条的规定处罚。

第 19 条　本规定由国家发展计划委员会负责解释并组织实施。省、自治区、直辖市人民政府可根据本地情况制定本规定实施细则。

第十五条　禁止大型企业滥用优势地位

大型企业等经营者不得滥用自身资金、技术、交易渠道、行业影响力等方面的优势地位，要求中小企业接受明显不合理的付款期限、方式、条件和违约责任等交易条件，拖欠中小企业的货物、工程、服务等账款。

● 法　律

1. 《民营经济促进法》（2025 年 4 月 30 日）

第 67 条　国家机关、事业单位、国有企业应当依法或者依合同约定及时向民营经济组织支付账款，不得以人员变更、履行内部付款流程或者在合同未作约定情况下以等待竣工验收批复、决算审计等为由，拒绝或者拖延支付民营经济组织账款；除法律、行政法规另有规定外，不得强制要求以审计结果作为结算依据。

审计机关依法对国家机关、事业单位和国有企业支付民营经济组织账款情况进行审计监督。

第68条 大型企业向中小民营经济组织采购货物、工程、服务等，应当合理约定付款期限并及时支付账款，不得以收到第三方付款作为向中小民营经济组织支付账款的条件。

人民法院对拖欠中小民营经济组织账款案件依法及时立案、审理、执行，可以根据自愿和合法的原则进行调解，保障中小民营经济组织合法权益。

第69条 县级以上地方人民政府应当加强账款支付保障工作，预防和清理拖欠民营经济组织账款；强化预算管理，政府采购项目应当严格按照批准的预算执行；加强对拖欠账款处置工作的统筹指导，对有争议的鼓励各方协商解决，对存在重大分歧的组织协商、调解。协商、调解应当发挥工商业联合会、律师协会等组织的作用。

2.《电子商务法》（2018年8月31日）

第5条 电子商务经营者从事经营活动，应当遵循自愿、平等、公平、诚信的原则，遵守法律和商业道德，公平参与市场竞争，履行消费者权益保护、环境保护、知识产权保护、网络安全与个人信息保护等方面的义务，承担产品和服务质量责任，接受政府和社会的监督。

第22条 电子商务经营者因其技术优势、用户数量、对相关行业的控制能力以及其他经营者对该电子商务经营者在交易上的依赖程度等因素而具有市场支配地位的，不得滥用市场支配地位，排除、限制竞争。

● 行政法规及文件

3. 《保障中小企业款项支付条例》（2025 年 3 月 17 日）

第 8 条 机关、事业单位使用财政资金从中小企业采购货物、工程、服务，应当严格按照批准的预算执行，不得无预算、超预算开展采购。

政府投资项目所需资金应当按照国家有关规定确保落实到位，不得由施工单位垫资建设。

第 9 条 机关、事业单位从中小企业采购货物、工程、服务，应当自货物、工程、服务交付之日起 30 日内支付款项；合同另有约定的，从其约定，但付款期限最长不得超过 60 日。

大型企业从中小企业采购货物、工程、服务，应当自货物、工程、服务交付之日起 60 日内支付款项；合同另有约定的，从其约定，但应当按照行业规范、交易习惯合理约定付款期限并及时支付款项，不得约定以收到第三方付款作为向中小企业支付款项的条件或者按照第三方付款进度比例支付中小企业款项。

法律、行政法规或者国家有关规定对本条第一款、第二款付款期限另有规定的，从其规定。

合同约定采取履行进度结算、定期结算等结算方式的，付款期限应当自双方确认结算金额之日起算。

第 10 条 机关、事业单位和大型企业与中小企业约定以货物、工程、服务交付后经检验或者验收合格作为支付中小企业款项条件的，付款期限应当自检验或者验收合格之日起算。

合同双方应当在合同中约定明确、合理的检验或者验收期限，并在该期限内完成检验或者验收，法律、行政法规或者国家有关规定对检验或者验收期限另有规定的，从其规定。机关、事业单位和大型企业拖延检验或者验收的，付款期限自约定的检验或者验收期限届满之日起算。

第 11 条 机关、事业单位和大型企业使用商业汇票、应收账款电子凭证等非现金支付方式支付中小企业款项的，应当在合同中作出明确、合理约定，不得强制中小企业接受商业汇票、应收账款电子凭证等非现金支付方式，不得利用商业汇票、应收账款电子凭证等非现金支付方式变相延长付款期限。

第 12 条　机关、事业单位和国有大型企业不得强制要求以审计机关的审计结果作为结算依据，法律、行政法规另有规定的除外。

● 部门规章及文件

4.《禁止滥用市场支配地位行为规定》（2023 年 3 月 10 日）

第 2 条　国家市场监督管理总局（以下简称市场监管总局）负责滥用市场支配地位行为的反垄断统一执法工作。

市场监管总局根据反垄断法第十三条第二款规定，授权各省、自治区、直辖市市场监督管理部门（以下称省级市场监管部门）负责本行政区域内滥用市场支配地位行为的反垄断执法工作。

本规定所称反垄断执法机构包括市场监管总局和省级市场监管部门。

第 3 条　市场监管总局负责查处下列滥用市场支配地位行为：

（一）跨省、自治区、直辖市的；

（二）案情较为复杂或者在全国有重大影响的；

（三）市场监管总局认为有必要直接查处的。

前款所列滥用市场支配地位行为，市场监管总局可以指定省级市场监管部门查处。

省级市场监管部门根据授权查处滥用市场支配地位行为时，发现不属于本部门查处范围，或者虽属于本部门查处范围，但有必要由市场监管总局查处的，应当及时向市场监管总局报告。

第 4 条　反垄断执法机构查处滥用市场支配地位行为时，应当平等对待所有经营者。

第5条 相关市场是指经营者在一定时期内就特定商品或者服务（以下统称商品）进行竞争的商品范围和地域范围，包括相关商品市场和相关地域市场。

界定相关市场应当从需求者角度进行需求替代分析。当供给替代对经营者行为产生的竞争约束类似于需求替代时，也应当考虑供给替代。

界定相关商品市场，从需求替代角度，可以考虑需求者对商品价格等因素变化的反应、商品的特征与用途、销售渠道等因素。从供给替代角度，可以考虑其他经营者转产的难易程度、转产后所提供商品的市场竞争力等因素。

界定平台经济领域相关商品市场，可以根据平台一边的商品界定相关商品市场，也可以根据平台所涉及的多边商品，将平台整体界定为一个相关商品市场，或者分别界定多个相关商品市场，并考虑各相关商品市场之间的相互关系和影响。

界定相关地域市场，从需求替代角度，可以考虑商品的运输特征与成本、多数需求者选择商品的实际区域、地域间的贸易壁垒等因素。从供给替代角度，可以考虑其他地域经营者供应商品的及时性与可行性等因素。

第6条 市场支配地位是指经营者在相关市场内具有能够控制商品价格、数量或者其他交易条件，或者能够阻碍、影响其他经营者进入相关市场能力的市场地位。

本条所称其他交易条件是指除商品价格、数量之外能够对市场交易产生实质影响的其他因素，包括商品品种、商品品质、付款条件、交付方式、售后服务、交易选择、技术约束等。

本条所称能够阻碍、影响其他经营者进入相关市场，包括排除其他经营者进入相关市场，或者延缓其他经营者在合理时间内进入相关市场，或者导致其他经营者虽能够进入该相关市场但进入成本大幅提高，无法与现有经营者开展有效竞争等情形。

第7条　根据反垄断法第二十三条第一项，确定经营者在相关市场的市场份额，可以考虑一定时期内经营者的特定商品销售金额、销售数量或者其他指标在相关市场所占的比重。

分析相关市场竞争状况，可以考虑相关市场的发展状况、现有竞争者的数量和市场份额、市场集中度、商品差异程度、创新和技术变化、销售和采购模式、潜在竞争者情况等因素。

第8条　根据反垄断法第二十三条第二项，确定经营者控制销售市场或者原材料采购市场的能力，可以考虑该经营者控制产业链上下游市场的能力，控制销售渠道或者采购渠道的能力，影响或者决定价格、数量、合同期限或者其他交易条件的能力，以及优先获得企业生产经营所必需的原料、半成品、零部件、相关设备以及需要投入的其他资源的能力等因素。

第9条　根据反垄断法第二十三条第三项，确定经营者的财力和技术条件，可以考虑该经营者的资产规模、盈利能力、融资能力、研发能力、技术装备、技术创新和应用能力、拥有的知识产权等，以及该财力和技术条件能够以何种方式和程度促进该经营者业务扩张或者巩固、维持市场地位等因素。

第10条　根据反垄断法第二十三条第四项，确定其他经营者对该经营者在交易上的依赖程度，可以考虑其他经营者与该经营者之间的交易关系、交易量、交易持续时间、在合理时间内转向其他交易相对人的难易程度等因素。

第11条　根据反垄断法第二十三条第五项，确定其他经营者进入相关市场的难易程度，可以考虑市场准入、获取必要资源的难度、采购和销售渠道的控制情况、资金投入规模、技术壁垒、品牌依赖、用户转换成本、消费习惯等因素。

第12条　根据反垄断法第二十三条和本规定第七条至第十一条规定认定平台经济领域经营者具有市场支配地位，还可以考虑相关行业竞争特点、经营模式、交易金额、交易数量、用户数量、网络效应、锁定效应、技术特性、市场创新、控制流量的能力、掌握和处理相关数据的能力及经营者在关联市场的市场力量等因素。

第 13 条　认定两个以上的经营者具有市场支配地位，除考虑本规定第七条至第十二条规定的因素外，还应当考虑经营者行为一致性、市场结构、相关市场透明度、相关商品同质化程度等因素。

第 14 条　禁止具有市场支配地位的经营者以不公平的高价销售商品或者以不公平的低价购买商品。

认定"不公平的高价"或者"不公平的低价"，可以考虑下列因素：

（一）销售价格或者购买价格是否明显高于或者明显低于其他经营者在相同或者相似市场条件下销售或者购买同种商品或者可比较商品的价格；

（二）销售价格或者购买价格是否明显高于或者明显低于同一经营者在其他相同或者相似市场条件区域销售或者购买同种商品或者可比较商品的价格；

（三）在成本基本稳定的情况下，是否超过正常幅度提高销售价格或者降低购买价格；

（四）销售商品的提价幅度是否明显高于成本增长幅度，或者购买商品的降价幅度是否明显高于交易相对人成本降低幅度；

（五）需要考虑的其他相关因素。

涉及平台经济领域，还可以考虑平台涉及多边市场中各相关市场之间的成本关联情况及其合理性。

认定市场条件相同或者相似，应当考虑经营模式、销售渠道、供求状况、监管环境、交易环节、成本结构、交易情况、平台类型等因素。

第15条　禁止具有市场支配地位的经营者没有正当理由，以低于成本的价格销售商品。

认定以低于成本的价格销售商品，应当重点考虑价格是否低于平均可变成本。平均可变成本是指随着生产的商品数量变化而变动的每单位成本。涉及平台经济领域，还可以考虑平台涉及多边市场中各相关市场之间的成本关联情况及其合理性。

本条所称"正当理由"包括：

（一）降价处理鲜活商品、季节性商品、有效期限即将到期的商品或者积压商品的；

（二）因清偿债务、转产、歇业降价销售商品的；

（三）在合理期限内为推广新商品进行促销的；

（四）能够证明行为具有正当性的其他理由。

第16条　禁止具有市场支配地位的经营者没有正当理由，通过下列方式拒绝与交易相对人进行交易：

（一）实质性削减与交易相对人的现有交易数量；

（二）拖延、中断与交易相对人的现有交易；

（三）拒绝与交易相对人进行新的交易；

（四）通过设置交易相对人难以接受的价格、向交易相对人回购商品、与交易相对人进行其他交易等限制性条件，使交易相对人难以与其进行交易；

（五）拒绝交易相对人在生产经营活动中，以合理条件使用其必需设施。

在依据前款第五项认定经营者滥用市场支配地位时，应当综合考虑以合理的投入另行投资建设或者另行开发建造该设施的可行性、交易相对人有效开展生产经营活动对该设施的依赖程度、该经营者提供该设施的可能性以及对自身生产经营活动造成的影响等因素。

本条所称"正当理由"包括：

（一）因不可抗力等客观原因无法进行交易；

（二）交易相对人有不良信用记录或者出现经营状况恶化等情况，影响交易安全；

（三）与交易相对人进行交易将使经营者利益发生不当减损；

（四）交易相对人明确表示或者实际不遵守公平、合理、无歧视的平台规则；

（五）能够证明行为具有正当性的其他理由。

第17条　禁止具有市场支配地位的经营者没有正当理由，从事下列限定交易行为：

（一）限定交易相对人只能与其进行交易；

（二）限定交易相对人只能与其指定的经营者进行交易；

（三）限定交易相对人不得与特定经营者进行交易。

从事上述限定交易行为可以是直接限定，也可以是采取惩罚性或者激励性措施等方式变相限定。

本条所称"正当理由"包括：

（一）为满足产品安全要求所必需；

（二）为保护知识产权、商业秘密或者数据安全所必需；

（三）为保护针对交易进行的特定投资所必需；

（四）为维护平台合理的经营模式所必需；

（五）能够证明行为具有正当性的其他理由。

第18条　禁止具有市场支配地位的经营者没有正当理由搭售商品，或者在交易时附加其他不合理的交易条件：

（一）违背交易惯例、消费习惯或者无视商品的功能，利用合同条款或者弹窗、操作必经步骤等交易相对人难以选择、更改、拒绝的方式，将不同商品捆绑销售或者组合销售；

（二）对合同期限、支付方式、商品的运输及交付方式或者服务的提供方式等附加不合理的限制；

（三）对商品的销售地域、销售对象、售后服务等附加不合理的限制；

（四）交易时在价格之外附加不合理费用；

（五）附加与交易标的无关的交易条件。

本条所称"正当理由"包括：

（一）符合正当的行业惯例和交易习惯；

（二）为满足产品安全要求所必需；

（三）为实现特定技术所必需；

（四）为保护交易相对人和消费者利益所必需；

（五）能够证明行为具有正当性的其他理由。

第19条　禁止具有市场支配地位的经营者没有正当理由，对条件相同的交易相对人在交易条件上实行下列差别待遇：

（一）实行不同的交易价格、数量、品种、品质等级；

（二）实行不同的数量折扣等优惠条件；

（三）实行不同的付款条件、交付方式；

（四）实行不同的保修内容和期限、维修内容和时间、零配件供应、技术指导等售后服务条件。

条件相同是指交易相对人之间在交易安全、交易成本、规模和能力、信用状况、所处交易环节、交易持续时间等方面不存在实质性影响交易的差别。交易中依法获取的交易相对人的交易数据、个体偏好、消费习惯等方面存在的差异不影响认定交易相对人条件相同。

本条所称"正当理由"包括：

（一）根据交易相对人实际需求且符合正当的交易习惯和行业惯例，实行不同交易条件；

（二）针对新用户的首次交易在合理期限内开展的优惠活动；

（三）基于公平、合理、无歧视的平台规则实施的随机性交易；

（四）能够证明行为具有正当性的其他理由。

第20条 市场监管总局认定其他滥用市场支配地位行为，应当同时符合下列条件：

（一）经营者具有市场支配地位；

（二）经营者实施了排除、限制竞争行为；

（三）经营者实施相关行为不具有正当理由；

（四）经营者相关行为对市场竞争具有排除、限制影响。

第21条 具有市场支配地位的经营者不得利用数据和算法、技术以及平台规则等从事本规定第十四条至第二十条规定的滥用市场支配地位行为。

第22条 反垄断执法机构认定本规定第十四条所称的"不公平"和第十五条至第二十条所称的"正当理由"，还应当考虑下列因素：

（一）有关行为是否为法律、法规所规定；

（二）有关行为对国家安全、网络安全等方面的影响；

（三）有关行为对经济运行效率、经济发展的影响；

（四）有关行为是否为经营者正常经营及实现正常效益所必需；

（五）有关行为对经营者业务发展、未来投资、创新方面的影响；

（六）有关行为是否能够使交易相对人或者消费者获益；

（七）有关行为对社会公共利益的影响。

第23条 供水、供电、供气、供热、电信、有线电视、邮政、交通运输等公用事业领域经营者应当依法经营，不得滥用其市场支配地位损害消费者利益和社会公共利益。

第24条 反垄断执法机构依据职权，或者通过举报、上级机关交办、其他机关移送、下级机关报告、经营者主动报告等途径，发现涉嫌滥用市场支配地位行为。

第25条 举报采用书面形式并提供相关事实和证据的，反垄断执法机构应当进行必要的调查。书面举报一般包括下列内容：

（一）举报人的基本情况；

（二）被举报人的基本情况；

（三）涉嫌滥用市场支配地位行为的相关事实和证据；

（四）是否就同一事实已向其他行政机关举报或者向人民法院提起诉讼。

反垄断执法机构根据工作需要，可以要求举报人补充举报材料。

对于采用书面形式的实名举报，反垄断执法机构在案件调查处理完毕后，可以根据举报人的书面请求依法向其反馈举报处理结果。

第26条 反垄断执法机构经过对涉嫌滥用市场支配地位行为的必要调查，符合下列条件的，应当立案：

（一）有证据初步证明存在滥用市场支配地位行为；

（二）属于本部门查处范围；

（三）在给予行政处罚的法定期限内。

省级市场监管部门应当自立案之日起七个工作日内向市场监管总局备案。

第27条 市场监管总局在查处滥用市场支配地位行为时，可以委托省级市场监管部门进行调查。

省级市场监管部门在查处滥用市场支配地位行为时，可以委托下级市场监管部门进行调查。

受委托的市场监管部门在委托范围内，以委托机关的名义实施调查，不得再委托其他行政机关、组织或者个人进行调查。

第28条 省级市场监管部门查处滥用市场支配地位行为时，可以根据需要商请相关省级市场监管部门协助调查，相关省级市场监管部门应当予以协助。

第 29 条　反垄断执法机构对滥用市场支配地位行为进行行政处罚的，应当在作出行政处罚决定之前，书面告知当事人拟作出的行政处罚内容及事实、理由、依据，并告知当事人依法享有的陈述权、申辩权和要求听证的权利。

第 30 条　反垄断执法机构在告知当事人拟作出的行政处罚决定后，应当充分听取当事人的意见，对当事人提出的事实、理由和证据进行复核。

第 31 条　反垄断执法机构对滥用市场支配地位行为作出行政处罚决定，应当依法制作行政处罚决定书，并加盖本部门印章。

行政处罚决定书的内容包括：

（一）当事人的姓名或者名称、地址等基本情况；

（二）案件来源及调查经过；

（三）违反法律、法规、规章的事实和证据；

（四）当事人陈述、申辩的采纳情况及理由；

（五）行政处罚的内容和依据；

（六）行政处罚的履行方式和期限；

（七）申请行政复议、提起行政诉讼的途径和期限；

（八）作出行政处罚决定的反垄断执法机构的名称和作出决定的日期。

第 32 条　涉嫌滥用市场支配地位的经营者在被调查期间，可以提出中止调查申请，承诺在反垄断执法机构认可的期限内采取具体措施消除行为影响。

中止调查申请应当以书面形式提出，并由经营者负责人签字并盖章。申请书应当载明下列事项：

（一）涉嫌滥用市场支配地位行为的事实；

（二）承诺采取消除行为后果的具体措施；

（三）履行承诺的时限；

（四）需要承诺的其他内容。

第33条 反垄断执法机构根据被调查经营者的中止调查申请，在考虑行为的性质、持续时间、后果、社会影响、经营者承诺的措施及其预期效果等具体情况后，决定是否中止调查。

反垄断执法机构对涉嫌滥用市场支配地位行为调查核实后，认为构成滥用市场支配地位行为的，不得中止调查，应当依法作出处理决定。

第34条 反垄断执法机构决定中止调查的，应当制作中止调查决定书。

中止调查决定书应当载明被调查经营者涉嫌滥用市场支配地位行为的事实、承诺的具体内容、消除影响的具体措施、履行承诺的时限以及未履行或者未完全履行承诺的法律后果等内容。

第35条 决定中止调查的，反垄断执法机构应当对经营者履行承诺的情况进行监督。

经营者应当在规定的时限内向反垄断执法机构书面报告承诺履行情况。

第36条 反垄断执法机构确定经营者已经履行承诺的，可以决定终止调查，并制作终止调查决定书。

终止调查决定书应当载明被调查经营者涉嫌滥用市场支配地位行为的事实、作出中止调查决定的情况、承诺的具体内容、履行承诺的情况、监督情况等内容。

有下列情形之一的，反垄断执法机构应当恢复调查：

（一）经营者未履行或者未完全履行承诺的；

（二）作出中止调查决定所依据的事实发生重大变化的；

（三）中止调查决定是基于经营者提供的不完整或者不真实的信息作出的。

第37条 经营者涉嫌违反本规定的，反垄断执法机构可以对其法定代表人或者负责人进行约谈。

约谈应当指出经营者涉嫌滥用市场支配地位的问题，听取情况说明，开展提醒谈话，并可以要求其提出改进措施，消除行为危害后果。

经营者应当按照反垄断执法机构要求进行改进，提出消除行为危害后果的具体措施、履行时限等，并提交书面报告。

第38条　省级市场监管部门作出不予行政处罚决定、中止调查决定、恢复调查决定、终止调查决定或者行政处罚告知前，应当向市场监管总局报告，接受市场监管总局的指导和监督。

省级市场监管部门向被调查经营者送达不予行政处罚决定书、中止调查决定书、恢复调查决定书、终止调查决定书或者行政处罚决定书后，应当在七个工作日内向市场监管总局备案。

第39条　反垄断执法机构作出行政处理决定后，依法向社会公布。行政处罚信息应当依法通过国家企业信用信息公示系统向社会公示。

第40条　市场监管总局应当加强对省级市场监管部门查处滥用市场支配地位行为的指导和监督，统一执法程序和标准。

省级市场监管部门应当严格按照市场监管总局相关规定查处滥用市场支配地位行为。

第41条　经营者滥用市场支配地位的，由反垄断执法机构责令停止违法行为，没收违法所得，并处上一年度销售额百分之一以上百分之十以下的罚款。

反垄断执法机构确定具体罚款数额时，应当考虑违法行为的性质、程度、持续时间和消除违法行为后果的情况等因素。

违反本规定，情节特别严重、影响特别恶劣、造成特别严重后果的，市场监管总局可以在第一款规定的罚款数额的二倍以上五倍以下确定具体罚款数额。

经营者因行政机关和法律、法规授权的具有管理公共事务职能的组织滥用行政权力而滥用市场支配地位的，按照第一款规定处理。经营者能够证明其受行政机关和法律、法规授权的具有管理公共事务职能的组织滥用行政权力强制或者变相强制滥用市场支配地位的，可以依法从轻或者减轻处罚。

第 42 条 反垄断执法机构工作人员滥用职权、玩忽职守、徇私舞弊或者泄露执法过程中知悉的商业秘密、个人隐私和个人信息的，依照有关规定处理。

第 43 条 反垄断执法机构在调查期间发现的公职人员涉嫌职务违法、职务犯罪问题线索，应当及时移交纪检监察机关。

第 44 条 本规定对滥用市场支配地位行为调查、处罚程序未作规定的，依照《市场监督管理行政处罚程序规定》执行，有关时限、立案、案件管辖的规定除外。

反垄断执法机构组织行政处罚听证的，依照《市场监督管理行政处罚听证办法》执行。

第三章　对涉嫌不正当竞争行为的调查

第十六条　行政查处措施

监督检查部门调查涉嫌不正当竞争行为，可以采取下列措施：

（一）进入涉嫌不正当竞争行为的经营场所进行检查；

（二）询问被调查的经营者、利害关系人及其他有关单位、个人，要求其说明有关情况或者提供与被调查行为有关的其他资料；

（三）查询、复制与涉嫌不正当竞争行为有关的协议、账簿、单据、文件、记录、业务函电和其他资料；

（四）查封、扣押与涉嫌不正当竞争行为有关的财物；

（五）查询涉嫌不正当竞争行为的经营者的银行账户。

采取前款规定的措施，应当向监督检查部门主要负责人书面报告，并经批准。采取前款第四项、第五项规定的措施，应当向设区的市级以上人民政府监督检查部门主要负责人书面报告，并经批准。

监督检查部门调查涉嫌不正当竞争行为，应当遵守《中华人民共和国行政强制法》和其他有关法律、行政法规的规定，并应当依法将查处结果及时向社会公开。

● 法　律

《行政强制法》（2011年6月30日）

第2条　本法所称行政强制，包括行政强制措施和行政强制执行。

行政强制措施，是指行政机关在行政管理过程中，为制止违法行为、防止证据损毁、避免危害发生、控制危险扩大等情形，依法对公民的人身自由实施暂时性限制，或者对公民、法人或者其他组织的财物实施暂时性控制的行为。

行政强制执行，是指行政机关或者行政机关申请人民法院，对不履行行政决定的公民、法人或者其他组织，依法强制履行义务的行为。

第9条　行政强制措施的种类：

（一）限制公民人身自由；

（二）查封场所、设施或者财物；

（三）扣押财物；

（四）冻结存款、汇款；

（五）其他行政强制措施。

第12条　行政强制执行的方式：

（一）加处罚款或者滞纳金；

（二）划拨存款、汇款；

（三）拍卖或者依法处理查封、扣押的场所、设施或者财物；

（四）排除妨碍、恢复原状；

（五）代履行；

（六）其他强制执行方式。

第18条　行政机关实施行政强制措施应当遵守下列规定：

（一）实施前须向行政机关负责人报告并经批准；

（二）由两名以上行政执法人员实施；

（三）出示执法身份证件；

（四）通知当事人到场；

（五）当场告知当事人采取行政强制措施的理由、依据以及当事人依法享有的权利、救济途径；

（六）听取当事人的陈述和申辩；

（七）制作现场笔录；

（八）现场笔录由当事人和行政执法人员签名或者盖章，当事人拒绝的，在笔录中予以注明；

（九）当事人不到场的，邀请见证人到场，由见证人和行政执法人员在现场笔录上签名或者盖章；

（十）法律、法规规定的其他程序。

第19条　情况紧急，需要当场实施行政强制措施的，行政执法人员应当在二十四小时内向行政机关负责人报告，并补办批准手续。行政机关负责人认为不应当采取行政强制措施的，应当立即解除。

第20条　依照法律规定实施限制公民人身自由的行政强制措施，除应当履行本法第十八条规定的程序外，还应当遵守下列规定：

（一）当场告知或者实施行政强制措施后立即通知当事人家属实施行政强制措施的行政机关、地点和期限；

（二）在紧急情况下当场实施行政强制措施的，在返回行政机关后，立即向行政机关负责人报告并补办批准手续；

（三）法律规定的其他程序。

实施限制人身自由的行政强制措施不得超过法定期限。实施行政强制措施的目的已经达到或者条件已经消失，应当立即解除。

第 22 条　查封、扣押应当由法律、法规规定的行政机关实施，其他任何行政机关或者组织不得实施。

第 23 条　查封、扣押限于涉案的场所、设施或者财物，不得查封、扣押与违法行为无关的场所、设施或者财物；不得查封、扣押公民个人及其所扶养家属的生活必需品。

当事人的场所、设施或者财物已被其他国家机关依法查封的，不得重复查封。

第 24 条　行政机关决定实施查封、扣押的，应当履行本法第十八条规定的程序，制作并当场交付查封、扣押决定书和清单。

查封、扣押决定书应当载明下列事项：

（一）当事人的姓名或者名称、地址；

（二）查封、扣押的理由、依据和期限；

（三）查封、扣押场所、设施或者财物的名称、数量等；

（四）申请行政复议或者提起行政诉讼的途径和期限；

（五）行政机关的名称、印章和日期。

查封、扣押清单一式二份，由当事人和行政机关分别保存。

第 25 条　查封、扣押的期限不得超过三十日；情况复杂的，经行政机关负责人批准，可以延长，但是延长期限不得超过三十日。法律、行政法规另有规定的除外。

延长查封、扣押的决定应当及时书面告知当事人，并说明理由。

对物品需要进行检测、检验、检疫或者技术鉴定的，查封、扣押的期间不包括检测、检验、检疫或者技术鉴定的期间。检测、检验、检疫或者技术鉴定的期间应当明确，并书面告知当事人。检测、检验、检疫或者技术鉴定的费用由行政机关承担。

第26条 对查封、扣押的场所、设施或者财物，行政机关应当妥善保管，不得使用或者损毁；造成损失的，应当承担赔偿责任。

对查封的场所、设施或者财物，行政机关可以委托第三人保管，第三人不得损毁或者擅自转移、处置。因第三人的原因造成的损失，行政机关先行赔付后，有权向第三人追偿。

因查封、扣押发生的保管费用由行政机关承担。

第27条 行政机关采取查封、扣押措施后，应当及时查清事实，在本法第二十五条规定的期限内作出处理决定。对违法事实清楚，依法应当没收的非法财物予以没收；法律、行政法规规定应当销毁的，依法销毁；应当解除查封、扣押的，作出解除查封、扣押的决定。

第28条 有下列情形之一的，行政机关应当及时作出解除查封、扣押决定：

（一）当事人没有违法行为；

（二）查封、扣押的场所、设施或者财物与违法行为无关；

（三）行政机关对违法行为已经作出处理决定，不再需要查封、扣押；

（四）查封、扣押期限已经届满；

（五）其他不再需要采取查封、扣押措施的情形。

解除查封、扣押应当立即退还财物；已将鲜活物品或者其他不易保管的财物拍卖或者变卖的，退还拍卖或者变卖所得款项。变卖价格明显低于市场价格，给当事人造成损失的，应当给予补偿。

第34条 行政机关依法作出行政决定后，当事人在行政机关决定的期限内不履行义务的，具有行政强制执行权的行政机关依照本章规定强制执行。

第35条　行政机关作出强制执行决定前，应当事先催告当事人履行义务。催告应当以书面形式作出，并载明下列事项：

（一）履行义务的期限；

（二）履行义务的方式；

（三）涉及金钱给付的，应当有明确的金额和给付方式；

（四）当事人依法享有的陈述权和申辩权。

第36条　当事人收到催告书后有权进行陈述和申辩。行政机关应当充分听取当事人的意见，对当事人提出的事实、理由和证据，应当进行记录、复核。当事人提出的事实、理由或者证据成立的，行政机关应当采纳。

第37条　经催告，当事人逾期仍不履行行政决定，且无正当理由的，行政机关可以作出强制执行决定。

强制执行决定应当以书面形式作出，并载明下列事项：

（一）当事人的姓名或者名称、地址；

（二）强制执行的理由和依据；

（三）强制执行的方式和时间；

（四）申请行政复议或者提起行政诉讼的途径和期限；

（五）行政机关的名称、印章和日期。

在催告期间，对有证据证明有转移或者隐匿财物迹象的，行政机关可以作出立即强制执行决定。

第38条　催告书、行政强制执行决定书应当直接送达当事人。当事人拒绝接收或者无法直接送达当事人的，应当依照《中华人民共和国民事诉讼法》的有关规定送达。

第39条　有下列情形之一的，中止执行：

（一）当事人履行行政决定确有困难或者暂无履行能力的；

（二）第三人对执行标的主张权利，确有理由的；

（三）执行可能造成难以弥补的损失，且中止执行不损害公共利益的；

（四）行政机关认为需要中止执行的其他情形。

中止执行的情形消失后，行政机关应当恢复执行。对没有明显社会危害，当事人确无能力履行，中止执行满三年未恢复执行的，行政机关不再执行。

第40条　有下列情形之一的，终结执行：

（一）公民死亡，无遗产可供执行，又无义务承受人的；

（二）法人或者其他组织终止，无财产可供执行，又无义务承受人的；

（三）执行标的灭失的；

（四）据以执行的行政决定被撤销的；

（五）行政机关认为需要终结执行的其他情形。

第41条　在执行中或者执行完毕后，据以执行的行政决定被撤销、变更，或者执行错误的，应当恢复原状或者退还财物；不能恢复原状或者退还财物的，依法给予赔偿。

第42条　实施行政强制执行，行政机关可以在不损害公共利益和他人合法权益的情况下，与当事人达成执行协议。执行协议可以约定分阶段履行；当事人采取补救措施的，可以减免加处的罚款或者滞纳金。

执行协议应当履行。当事人不履行执行协议的，行政机关应当恢复强制执行。

第43条　行政机关不得在夜间或者法定节假日实施行政强制执行。但是，情况紧急的除外。

行政机关不得对居民生活采取停止供水、供电、供热、供燃气等方式迫使当事人履行相关行政决定。

第44条　对违法的建筑物、构筑物、设施等需要强制拆除的，应当由行政机关予以公告，限期当事人自行拆除。当事人在法定期限内不申请行政复议或者提起行政诉讼，又不拆除的，行政机关可以依法强制拆除。

● **案例指引**

工商咨询公司诉谭某、企业管理咨询公司侵害商业秘密及不正当竞争纠纷案（人民法院案例库 2023-09-2-176-013）

裁判摘要：在商业秘密保护中，对于客户名单、交易意向包括具体需求、价格咨询等具有即时性和私密性且能带来现实利益的商业信息应当作为商业秘密予以保护。公司（权利人）内部员工为谋取私利，串通公司同业竞争者共同实施非法获取、披露、使用公司商业秘密，损害公司利益并使公司同业竞争者获利，情节严重，构成共同侵权及不正当竞争，员工和同业竞争者应承担侵权所获收益一至五倍惩罚性连带赔偿责任。

第十七条　被调查对象的义务

　　监督检查部门调查涉嫌不正当竞争行为，被调查的经营者、利害关系人及其他有关单位、个人应当如实提供有关资料或者情况。

第十八条　对经营者采取的措施

　　经营者涉嫌违反本法规定的，监督检查部门可以对其有关负责人进行约谈，要求其说明情况、提出改进措施。

第十九条　保密义务

　　监督检查部门及其工作人员对调查过程中知悉的商业秘密、个人隐私和个人信息依法负有保密义务。

● **法　律**

《**公务员法**》（2018 年 12 月 29 日）

　　第 14 条　公务员应当履行下列义务：

　　（一）忠于宪法，模范遵守、自觉维护宪法和法律，自觉接受中国共产党领导；

（二）忠于国家，维护国家的安全、荣誉和利益；

（三）忠于人民，全心全意为人民服务，接受人民监督；

（四）忠于职守，勤勉尽责，服从和执行上级依法作出的决定和命令，按照规定的权限和程序履行职责，努力提高工作质量和效率；

（五）保守国家秘密和工作秘密；

（六）带头践行社会主义核心价值观，坚守法治，遵守纪律，恪守职业道德，模范遵守社会公德、家庭美德；

（七）清正廉洁，公道正派；

（八）法律规定的其他义务。

第二十条　举报制度

对涉嫌不正当竞争行为，任何单位和个人有权向监督检查部门举报，监督检查部门接到举报后应当依法及时处理。

监督检查部门应当向社会公开受理举报的电话、信箱或者电子邮件地址，并为举报人保密。对实名举报并提供相关事实和证据的，监督检查部门应当将处理结果及时告知举报人。

第二十一条　平台内公平竞争规则

平台经营者应当在平台服务协议和交易规则中明确平台内公平竞争规则，建立不正当竞争举报投诉和纠纷处置机制，引导、规范平台内经营者依法公平竞争；发现平台内经营者实施不正当竞争行为的，应当及时依法采取必要的处置措施，保存有关记录，并按规定向平台经营者住所地县级以上人民政府监督检查部门报告。

● 法 律

《电子商务法》（2018 年 8 月 31 日）

第 8 条 电子商务行业组织按照本组织章程开展行业自律，建立健全行业规范，推动行业诚信建设，监督、引导本行业经营者公平参与市场竞争。

第 63 条 电子商务平台经营者可以建立争议在线解决机制，制定并公示争议解决规则，根据自愿原则，公平、公正地解决当事人的争议。

第四章 法律责任

第二十二条 民事责任

经营者违反本法规定，给他人造成损害的，应当依法承担民事责任。

经营者的合法权益受到不正当竞争行为损害的，可以向人民法院提起诉讼。

因不正当竞争行为受到损害的经营者的赔偿数额，按照其因被侵权所受到的实际损失或者侵权人因侵权所获得的利益确定。经营者故意实施侵犯商业秘密行为，情节严重的，可以在按照上述方法确定数额的一倍以上五倍以下确定赔偿数额。赔偿数额还应当包括经营者为制止侵权行为所支付的合理开支。

经营者违反本法第七条、第十条规定，权利人因被侵权所受到的实际损失、侵权人因侵权所获得的利益难以确定的，由人民法院根据侵权行为的情节判决给予权利人五百万元以下的赔偿。

● 法　律

1. 《民法典》（2020 年 5 月 28 日）

第 176 条　民事主体依照法律规定或者按照当事人约定，履行民事义务，承担民事责任。

第 179 条　承担民事责任的方式主要有：

（一）停止侵害；

（二）排除妨碍；

（三）消除危险；

（四）返还财产；

（五）恢复原状；

（六）修理、重作、更换；

（七）继续履行；

（八）赔偿损失；

（九）支付违约金；

（十）消除影响、恢复名誉；

（十一）赔礼道歉。

法律规定惩罚性赔偿的，依照其规定。

本条规定的承担民事责任的方式，可以单独适用，也可以合并适用。

● 司法解释及文件

2. 《最高人民法院关于适用〈中华人民共和国反不正当竞争法〉若干问题的解释》（2022 年 3 月 16 日）

第 23 条　对于反不正当竞争法第二条、第八条、第十一条、第十二条规定的不正当竞争行为，权利人因被侵权所受到的实际损失、侵权人因侵权所获得的利益难以确定，当事人主张依据反不正当竞争法第十七条第四款确定赔偿数额的，人民法院应予支持。

第 24 条 对于同一侵权人针对同一主体在同一时间和地域范围实施的侵权行为，人民法院已经认定侵害著作权、专利权或者注册商标专用权等并判令承担民事责任，当事人又以该行为构成不正当竞争为由请求同一侵权人承担民事责任的，人民法院不予支持。

● 案例指引

1. 甲材料公司、乙材料公司诉化工公司等侵害技术秘密纠纷案（最高人民法院指导性案例 219 号）

案例要旨：判断侵害知识产权行为是否构成情节严重并适用惩罚性赔偿时，可以综合考量被诉侵权人是否以侵害知识产权为业、是否受到刑事或者行政处罚、是否构成重复侵权、诉讼中是否存在举证妨碍行为，以及侵权行为造成的损失或者侵权获利数额、侵权规模、侵权持续时间等因素。行为人明知其行为构成侵权，已实际实施侵权行为且构成其主营业务的，可以认定为以侵害知识产权为业。对于以侵害知识产权为业，长期、大规模实施侵权行为的，可以依法从高乃至顶格适用惩罚性赔偿倍数确定损害赔偿数额。

2. 某控股集团、某汽车研究院诉汽车制造公司等侵害技术秘密纠纷案（人民法院案例库 2025-13-2-176-002）

裁判摘要：为有效制止和震慑侵权并增强裁判的可执行性，人民法院在确定停止侵害民事责任的具体承担方式时，既可以根据权利人对停止侵害责任承担的具体主张，必要时也可直接依职权确定停止侵害的具体方式、内容、范围；要在充分考虑受保护权益的性质和侵权行为的恶劣程度特别是侵权行为的现实危害状态以及未来继续侵权可能性的基础上，重点考虑采取有关具体措施对于保护该权益的必要性、合理性、可执行性等因素。

3. 甲化工公司诉乙化工公司等侵害技术秘密纠纷案（人民法院案例库 2025-18-5-101-001）

裁判摘要：技术秘密侵权案件中共同故意侵权的认定及责任承

担。构成共同故意侵权不以各参与者事前共谋、事后协同行动为限，各参与者彼此之间心知肚明、心照不宣，先后参与、相互协作，亦可构成共同故意侵权。各侵权人具有侵害技术秘密的意思联络，主观上彼此明知，各自先后实施相应的侵权行为形成完整的技术秘密侵权行为链，客观上分工协作的，属于共同故意侵权，应当判令各侵权人对全部侵权损害承担连带责任。

4. 某集团等诉化工公司等侵害商业秘密纠纷案（人民法院案例库 2023-09-2-176-003）

裁判摘要：权利人举证证明被诉侵权人非法获取了完整的产品工艺流程、成套的生产设备等技术秘密，且被诉侵权人已经实际生产出相同产品的，人民法院可以根据优势证据规则和日常生活经验推定被诉侵权人使用了全部技术秘密。侵害涉案技术秘密的恶性程度、危害后果、侵权时间、妨碍诉讼等可以作为人民法院以销售利润计算损害赔偿的考虑因素。被诉侵权行为相关产品的销售利润难以确定的，人民法院可以以被诉侵权行为相关产品的销售量乘以权利人相关产品的销售价格及销售利润率为基础计算损害赔偿数额。

5. 亚组委诉置业公司、科技公司侵害特殊标志专有权纠纷案（人民法院案例库 2023-07-2-164-001）

裁判摘要：特殊标志是指经国务院批准举办的全国性和国际性的文化、体育、科学研究及其他社会公益活动所使用的，由文字、图形组成的名称及缩写、会徽、吉祥物等标志。《体育法》第52条第1款规定，在中国境内举办的体育赛事，其名称、徽记、旗帜及吉祥物等标志按照国家有关规定予以保护。擅自将特殊标志设置为互联网广告的搜索关键词的行为构成侵权，侵权人应当承担相应责任。

6. 墨业公司诉高某、艺术公司侵害商业秘密纠纷案（人民法院案例库 2023-09-2-176-010）

裁判摘要：国家秘密中的信息关系国家安全和利益，是处于尚未公开或者依照有关规定不应当公开的内容，属于国家秘密的信息在解密前，应当认定为该信息不为公众所知悉，即具有秘密性。在能够带来竞争优势的技术信息或经营信息是一种整体信息的情况下，不能将其各个部分与整体割裂开来，简单地以部分信息被公开就认为该整体信息已为公众所知悉。当事人基于其工作职责完全具备掌握商业秘密信息的可能和条件，为他人生产与该商业秘密信息有关的产品，且不能举证证明该产品系独立研发的，根据案件具体情况及日常生活经验，可以推定该当事人非法披露了其掌握的商业秘密。

第二十三条　实施混淆行为的行政责任

经营者违反本法第七条规定实施混淆行为或者帮助他人实施混淆行为的，由监督检查部门责令停止违法行为，没收违法商品。违法经营额五万元以上的，可以并处违法经营额五倍以下的罚款；没有违法经营额或者违法经营额不足五万元的，可以并处二十五万元以下的罚款；情节严重的，并处吊销营业执照。

销售本法第七条规定的违法商品的，依照前款规定予以处罚；销售者不知道其销售的商品属于违法商品，能证明该商品是自己合法取得并说明提供者的，由监督检查部门责令停止销售，不予行政处罚。

经营者登记的名称违反本法第七条规定的，应当及时办理名称变更登记；名称变更前，由登记机关以统一社会信用代码代替其名称。

● 法　　律

《民法典》（2020 年 5 月 28 日）

第 999 条　为公共利益实施新闻报道、舆论监督等行为的，可以合理使用民事主体的姓名、名称、肖像、个人信息等；使用不合理侵害民事主体人格权的，应当依法承担民事责任。

第1014条　任何组织或者个人不得以干涉、盗用、假冒等方式侵害他人的姓名权或者名称权。

第1185条　故意侵害他人知识产权，情节严重的，被侵权人有权请求相应的惩罚性赔偿。

● 案例指引

区市场监督管理局查处电子商务公司实施混淆行为案（市场监管总局公布5起网络不正当竞争典型案例之四）①

裁判摘要：本案系查处网络游戏周边领域软件名称混淆行为的典型案例，当事人擅自使用高度近似的知名软件名称标识，攀附他人商誉误导用户获取交易机会，破坏了公平竞争秩序。市场监管部门及时规制此类"搭便车""傍名牌"获取竞争优势的行为，维护了企业合法权益、消费者权益和网络市场竞争秩序，也为治理跨平台、跨地域的新型网络不正当竞争行为提供了实践范例。

第二十四条　实施商业贿赂的行政责任

有关单位违反本法第八条规定贿赂他人或者收受贿赂的，由监督检查部门没收违法所得，处十万元以上一百万元以下的罚款；情节严重的，处一百万元以上五百万元以下的罚款，可以并处吊销营业执照。

经营者的法定代表人、主要负责人和直接责任人员对实施贿赂负有个人责任，以及有关个人收受贿赂的，由监督检查部门没收违法所得，处一百万元以下的罚款。

---

① 载国家市场监督管理总局网站，https：//www.samr.gov.cn/xw/zj/art/2025/art_ 0d043840ec9445a689496bcf30c94820.html，2025年6月27日访问，以下不再标注。

第二十五条　实施虚假宣传的行政责任

经营者违反本法第九条规定对其商品作虚假或者引人误解的商业宣传，或者通过组织虚假交易、虚假评价等方式帮助其他经营者进行虚假或者引人误解的商业宣传的，由监督检查部门责令停止违法行为，处一百万元以下的罚款；情节严重的，处一百万元以上二百万元以下的罚款，可以并处吊销营业执照。

经营者违反本法第九条规定，属于发布虚假广告的，依照《中华人民共和国广告法》的规定处罚。

● 法　律

《广告法》（2021年4月29日）

第28条　广告以虚假或者引人误解的内容欺骗、误导消费者的，构成虚假广告。

广告有下列情形之一的，为虚假广告：

（一）商品或者服务不存在的；

（二）商品的性能、功能、产地、用途、质量、规格、成分、价格、生产者、有效期限、销售状况、曾获荣誉等信息，或者服务的内容、提供者、形式、质量、价格、销售状况、曾获荣誉等信息，以及与商品或者服务有关的允诺等信息与实际情况不符，对购买行为有实质性影响的；

（三）使用虚构、伪造或者无法验证的科研成果、统计资料、调查结果、文摘、引用语等信息作证明材料的；

（四）虚构使用商品或者接受服务的效果的；

（五）以虚假或者引人误解的内容欺骗、误导消费者的其他情形。

第55条　违反本法规定，发布虚假广告的，由市场监督管理部门责令停止发布广告，责令广告主在相应范围内消除影响，处广告费用三倍以上五倍以下的罚款，广告费用无法计算或者明显偏低的，处二十万元以上一百万元以下的罚款；两年内有三次以上违法行为或者有其他严重情节的，处广告费用五倍以上十倍以下的罚款，广告费用无法计算或者明显偏低的，处一百万元以上二百万元以下的罚款，可以吊销营业执照，并由广告审查机关撤销广告审查批准文件、一年内不受理其广告审查申请。

医疗机构有前款规定违法行为，情节严重的，除由市场监督管理部门依照本法处罚外，卫生行政部门可以吊销诊疗科目或者吊销医疗机构执业许可证。

广告经营者、广告发布者明知或者应知广告虚假仍设计、制作、代理、发布的，由市场监督管理部门没收广告费用，并处广告费用三倍以上五倍以下的罚款，广告费用无法计算或者明显偏低的，处二十万元以上一百万元以下的罚款；两年内有三次以上违法行为或者有其他严重情节的，处广告费用五倍以上十倍以下的罚款，广告费用无法计算或者明显偏低的，处一百万元以上二百万元以下的罚款，并可以由有关部门暂停广告发布业务、吊销营业执照。

广告主、广告经营者、广告发布者有本条第一款、第三款规定行为，构成犯罪的，依法追究刑事责任。

● 案例指引

1. **王某刚虚假宣传案**（市场监管总局公布9起网络不正当竞争典型案例之二）[①]

裁判摘要：赌石，是一种翡翠原石交易方式，流行在滇缅边境

[①] 载国家市场监督管理总局网站，https://www.samr.gov.cn/jjj/sjdt/gzdt/art/2023/art_ 885915ef69c94901bd4ce6b44d9029bc.html，2025年6月27日访问，以下不再标注。

一带，带有赌博性质。在现实生活中赌石存在很大的风险。近几年网络上出现了在社交平台直播间售卖翡翠原石的经营行为，部分直播间利用观众对中缅边境线实际情况不熟悉，谎称翡翠原石来自缅甸、价格便宜；通过主播给观众洗脑，灌输自己是翡翠厂主卖自家货的人设，假冒缅甸商人和主播砍价，营造一种给观众占便宜捡漏的感受。信息差和戏剧化的"表演"更具诱惑性，更容易让消费者上当受骗。市场监管部门对该违法行为的重拳出击，让经营者知晓在法律的框架内思考创新经营模式才是中国市场体系内生存和盈利的长久之计；也帮助消费者擦亮眼睛，避免受到不法经营者的欺骗。

2. 网络科技公司组织虚假交易帮助其他经营者进行虚假商业宣传等案（市场监管总局公布9起网络不正当竞争典型案例之三）

裁判摘要：网络消费已成为当前主要的消费方式之一，且消费者倾向于将网评的好坏、销量、关注量等作为选择店铺消费的重要依据。本案中，当事人帮助其他经营者进行商品粉丝关注量、店铺关注量、产品收藏量、销量展示、好评、补单等全链条造假，误导消费者对相关产品或服务的判断，且对自身服务质量等进行虚假宣传来获得更多的交易机会，其行为严重扰乱了市场竞争秩序，本案的查处对此类违法行为予以强力震慑，严格规范商品和服务的评价体系，确保消费者在选择时收到正确的信息反馈。

3. 科技公司对商品的用户评价作虚假的商业宣传案（市场监管总局公布9起网络不正当竞争典型案例之四）

裁判摘要：口碑营销是指企业在为消费者提供产品和服务的同时制定口碑推广计划，让消费者自动传播公司的产品和服务的良好评价。口碑营销又称病毒式营销，其核心内容就是将事件作为"感染"目标受众的病毒体，病毒体威力的强弱直接影响营销传播的效果。在如今信息爆炸、媒体泛滥的时代里，新颖的口碑传播内容能够迅速吸引大众的关注与议论，获取巨大的流量。考虑其传播的速度与涉及面的广度，对于口碑营销的规范则显得极为重要。对消费者而言，当事人所使用的问答式口碑营销方式更具亲和力，使得消费者更易受其误导。对于此类虚构用户评价行为的查处，体现了市场监管的全面性以及保护消费者和合法合规经营者的严肃性；同时让消费者了解到虚假宣传行为的多样性和伪装隐蔽性，提高其面对商品和服务的甄别力。

4. 吴某清通过组织虚假交易方式帮助其他经营者进行虚假或者引人误解的商业宣传案（市场监管总局公布9起网络不正当竞争典型案例之五）

裁判摘要：在互联网电商平台上，面对海量的商品和服务，用户评价往往是消费者选择商品的重要参考因素。电商平台经营者设置网络点评和排名的初衷，是通过统计与展示互联网用户消费后的真实反馈形成的大数据，反映人气、实力和市场口碑等信息，以帮助消费者更便捷地作出判断和选择。一些不法商家利用各种"炒信刷单"的手段，提升商家的平台点击率、粉丝数和好评度。当事人通过某软件平台内的"刷手"间接完成刷单任务，行为更加隐蔽复杂，打击难度更大。"刷单炒信"这一网络黑灰产业已经发展到足以影响商家生存的地步，严重损害了广大消费者的知情权、选择权等合法权益，破坏了公平竞争的市场秩序，不利于互联网生态健康发展。市场监管部门将始终保持对此类违法行为的高压态势，规范互联网经济有序发展。

5. 广告公司为其他经营者作虚假或者引人误解的商业宣传案（市场监管总局公布9起网络不正当竞争典型案例之七）

裁判摘要：电子商务的兴起与发展，使得消费者更青睐于依赖"内容评判"对商品或服务进行选购、消费，同时"内容评判"也为经营者带来更大的"引流效应"。然而，流量"变现"也导致部分不良商家通过"刷单炒信"等"作弊"的方式获得虚假好评。用户好评是消费者判断商品质量和商家信誉的重要指标，通过虚构好评等方式吸引消费者的行为侵犯了消费者的合法权益，也破坏了电子商务公平竞争的市场秩序，查办此类的案件有利于震慑不法经营者，避免造成"劣币驱逐良币"的负面效应，切实维护消费者的合法权益。

6. 贸易公司虚假宣传案（市场监管总局公布9起网络不正当竞争典型案例之九）

裁判摘要：网络直播购物是时下热门的消费渠道，消费者足不出户便可阅览生活所需的各类用品。然而"流量"不代表"质量"，部分商家在直播销售时"口无遮拦、随意编造"，以期用虚假的商业宣传在竞争时取得有利地位，这种行为终将受到法律的惩治。此案的查处，既震慑了网络直播销售中的突出问题和行业乱象，又切实维护了消费者的切身利益。

7. 区市场监督管理局查处网络公司帮助虚假宣传案（市场监管总局公布5起网络不正当竞争典型案例之三）

裁判摘要：网络购物中，成交量和买家评论是消费者作出选择的重要参考因素。商家良好的信誉和商品好评可以更快获得消费者信赖。但良好的商誉要通过诚信守法经营逐渐建立，而不能通过非法手段、欺骗消费者获取。本案中，当事人帮助经营者虚构交易记录从而提升曝光度的违法行为不仅误导了消费者，也剥夺了其他经营者的竞争优势。本案涉案金额大、链条长，市场监管部门及时重拳出击，维护了公平竞争市场秩序。

8. 某市市场监督管理局查处珠宝公司直播销售翡翠原石虚假宣传案（市场监管总局公布5起网络不正当竞争典型案例之五）

裁判摘要：网络时代，宣传营销方式花样翻新，特别是直播带货过程中，销售场景更为丰富。本案中，当事人利用瑞丽边境城市地理区位，在直播中通过打造虚构场景、雇佣外籍人员进行演绎等，营造虚假送货买货、交易活跃的氛围，欺骗、诱导消费者与其进行交易，损害了消费者合法权益。本案的查处，警示了广大直播电商，要遵守法律和商业道德，在合法依规的前提下创新营销模式。同时，提示消费者在网络购物中，尤其是购买高价值商品时，加强甄别，防止被虚假信息误导，造成经济损失。

9. 娱乐传媒公司诉软件公司不正当竞争纠纷案（人民法院案例库 2023-09-2-488-018）

裁判摘要：本案主要涉及浏览器屏蔽视频网站广告的新型互联网不正当竞争行为的审查认定，人民法院应在不正当竞争诉讼特别是涉互联网案件中依据"多角度综合评价范式"进行详细论证：对于法律没有明确规定的网络环境下的竞争行为，综合运用道德评价、比例原则、竞争效果评估等方法，从竞争行为是否损害经营者的合法权益、是否违反互联网领域公认的商业道德、是否具有激励技术创新的积极效果、是否有利于消费者长远利益保护等多个角度对竞争行为的正当性进行审查认定。

第二十六条　侵犯商业秘密的行政责任

> 经营者以及其他自然人、法人和非法人组织违反本法第十条规定侵犯商业秘密的，由监督检查部门责令停止违法行为，没收违法所得，处十万元以上一百万元以下的罚款；情节严重的，处一百万元以上五百万元以下的罚款。

● **法　律**

《民法典》（2020年5月28日）

第501条　当事人在订立合同过程中知悉的商业秘密或者其他应当保密的信息，无论合同是否成立，不得泄露或者不正当地使用；泄露、不正当地使用该商业秘密或者信息，造成对方损失的，应当承担赔偿责任。

● 案例指引

1. 区市场监督管理局查处机床附件公司侵犯商业秘密案（市场监管总局公布 8 起侵犯商业秘密典型案例之一）[1]

裁判摘要：商业秘密是企业的核心竞争力。本案经历民事诉讼和行政执法，执法人员在现场检查时固定的相关证据，为权利人在民事诉讼中争取相关权利提供了有力支撑，而法院判决书所确认的事实亦为行政处罚的实施提供了有力证据。案件的成功办理体现了行政保护与司法保护的协同效应，为推动建立健全自我保护、行政保护、司法保护"三位一体"的商业秘密保护体系提供了实践范例。

2. 某市市场监督管理局某监管局查处陈某某侵犯商业秘密案（市场监管总局公布 8 起侵犯商业秘密典型案例之二）

裁判摘要：商业秘密是企业保持竞争优势和持续创新的重要资产，本案涉及的商业秘密是企业投入大量资源为特定客户定向开发的重要技术资产，该商业秘密如果被非法披露并加以利用，将会给权利人带来难以估量的巨大损失。本案的查办不仅向市场传递了侵权必被罚的强烈信号，鼓励企业持续投入研发、大胆创新，推动行业健康有序发展，同时也提示企业自身是商业秘密的第一道防火线，注重对商业秘密的保护可以有效防止商业秘密泄露。

3. 区市场监督管理局查处张某等三人侵犯商业秘密案（市场监管总局公布 8 起侵犯商业秘密典型案例之三）

裁判摘要：商业秘密是企业的核心竞争力，本案凸显社交软件正成为商业秘密泄露的新型风险点，一方面警示企业员工"微信群"不是法外之地，使用社交软件同样需严守法律底线；另一方面也促使执法机关进一步加强对互联网新型侵犯商业秘密案件的研究，

---

[1] 载国家市场监督管理总局网站，https://www.samr.gov.cn/xw/zj/art/2025/art_a7ddd5c059ff4b3890dd4a91fbb2097d.html，2025 年 6 月 27 日访问，以下不再标注。

推动形成"尊重商业秘密、守护创新成果"的市场竞争环境,对遏制利用互联网工具实施的新型侵权行为具有示范意义。

4. 区市场监督管理局查处董某侵犯商业秘密案(市场监管总局公布 8 起侵犯商业秘密典型案例之五)

裁判摘要:本案是一起典型的"技术型"侵犯商业秘密案件,凸显新兴领域商业秘密保护的复杂性。电子侵入的隐蔽性,也反映出网络时代商业秘密面临的技术窃取风险。本案的查处有力震慑了利用技术手段侵犯商业秘密的行为,彰显了市场监管部门守护企业创新成果、优化营商环境的决心,对推动平台经济、数字经济领域商业秘密保护具有重要借鉴价值。减轻处罚的导向,也体现市场监管部门"过罚相当""教育与惩戒结合"的执法理念。

5. 区市场监督管理局查处肖某及科技公司等主体侵犯商业秘密案(市场监管总局公布 8 起侵犯商业秘密典型案例之六)

裁判摘要:商业秘密是企业核心竞争力的"隐形护城河"。本案涉及的成本数据、订单分析、报价信息等经营信息来自权利人经营积累,是分析客户交易习惯、制定销售政策的重要依据,更是权利人获取竞争优势的核心要素。本案的办理有效打击了侵犯商业秘密的违法行为,既保护了权利人的合法权益,也教育了双方更加重视商业秘密的保护,在本地外贸行业中形成主动遵守商业秘密保护法律法规的良好氛围。

6. 区市场监督管理局查处智能科技公司侵犯商业秘密案(市场监管总局公布 8 起侵犯商业秘密典型案例之七)

裁判摘要:商业秘密既是企业技术创新的结晶,也是其市场优势的基石。本案中,智能科技公司通过招揽竞争对手员工"带密入职",利用职务便利非法获取核心技术,不仅直接侵害了企业核心资产,更是对行业创新机制造成严重损害。本案的办理,既惩治了企业以"挖人"为名行"盗密"之实的不正当竞争行为,警示各经营主体须严守保密义务与合规边界,筑牢商业秘密防火墙,更有助于推动市场形成尊重知识产权、崇尚自主创新的优良营商环境。

7. 某市市场监督管理局查处杨某某等主体侵犯商业秘密案（市场监管总局公布 8 起侵犯商业秘密典型案例之八）

裁判摘要：商业秘密是企业宝贵的知识产权和创新成果，对企业提升核心竞争力、促进高质量发展有着重要作用。浙江舟山金塘螺杆是当地主要产业，产品更新迭代快，市场竞争激烈。本案的快速处置，将企业损失降到最低，既维护了企业合法权益，又震慑了企业员工和经营者违法行为。

第二十七条　违法进行有奖销售的行政责任

> 经营者违反本法第十一条规定进行有奖销售的，由监督检查部门责令停止违法行为，处五万元以上五十万元以下的罚款。

● **部门规章及文件**

《规范促销行为暂行规定》（2020 年 10 月 29 日）

第 23 条　违反本规定第五条，构成虚假宣传的，由市场监督管理部门依据反不正当竞争法第二十条的规定进行处罚。

第 24 条　违反本规定第六条、第八条、第十条，法律法规有规定的，从其规定；法律法规没有规定的，由县级以上市场监督管理部门责令改正；可处违法所得三倍以下罚款，但最高不超过三万元；没有违法所得的，可处一万元以下罚款。

第 25 条　违反本规定第七条，未公示促销规则、促销期限以及对消费者不利的限制性条件，法律法规有规定的，从其规定；法律法规没有规定的，由县级以上市场监督管理部门责令改正，可以处一万元以下罚款。

第 26 条　违反本规定第九条，构成商业贿赂的，由市场监督管理部门依据反不正当竞争法第十九条的规定进行处罚。

第 27 条 违反本规定第十三条第一款、第十四条、第十五条、第十六条、第十七条，由市场监督管理部门依据反不正当竞争法第二十二条的规定进行处罚。

第 28 条 违反本规定第十三条第二款、第十九条，由县级以上市场监督管理部门责令改正，可以处一万元以下罚款。

第 29 条 违反本规定第二十条、第二十一条、第二十二条，构成价格违法行为的，由市场监督管理部门依据价格监管法律法规进行处罚。

第 30 条 市场监督管理部门作出行政处罚决定后，应当依法通过国家企业信用信息公示系统向社会公示。

第二十八条　损害商业信誉、商品声誉的行政责任

> 经营者违反本法第十二条规定损害其他经营者商业信誉、商品声誉的，由监督检查部门责令停止违法行为、消除影响，处十万元以上一百万元以下的罚款；情节严重的，处一百万元以上五百万元以下的罚款。

● 法　律

《民法典》（2020 年 5 月 28 日）

第 1025 条　行为人为公共利益实施新闻报道、舆论监督等行为，影响他人名誉的，不承担民事责任，但是有下列情形之一的除外：

（一）捏造、歪曲事实；

（二）对他人提供的严重失实内容未尽到合理核实义务；

（三）使用侮辱性言辞等贬损他人名誉。

第 1026 条　认定行为人是否尽到前条第二项规定的合理核实义务，应当考虑下列因素：

（一）内容来源的可信度；

（二）对明显可能引发争议的内容是否进行了必要的调查；

（三）内容的时限性；

（四）内容与公序良俗的关联性；

（五）受害人名誉受贬损的可能性；

（六）核实能力和核实成本。

第1027条　行为人发表的文学、艺术作品以真人真事或者特定人为描述对象，含有侮辱、诽谤内容，侵害他人名誉权的，受害人有权依法请求该行为人承担民事责任。

行为人发表的文学、艺术作品不以特定人为描述对象，仅其中的情节与该特定人的情况相似的，不承担民事责任。

第1028条　民事主体有证据证明报刊、网络等媒体报道的内容失实，侵害其名誉权的，有权请求该媒体及时采取更正或者删除等必要措施。

第1029条　民事主体可以依法查询自己的信用评价；发现信用评价不当的，有权提出异议并请求采取更正、删除等必要措施。信用评价人应当及时核查，经核查属实的，应当及时采取必要措施。

第1030条　民事主体与征信机构等信用信息处理者之间的关系，适用本编有关个人信息保护的规定和其他法律、行政法规的有关规定。

第二十九条　利用网络从事不正当竞争的行政责任

经营者违反本法第十三条第二款、第三款、第四款规定利用网络从事不正当竞争的，由监督检查部门责令停止违法行为，处十万元以上一百万元以下的罚款；情节严重的，处一百万元以上五百万元以下的罚款。

● **部门规章及文件**

《网络反不正当竞争暂行规定》（2024年5月6日）

第27条 对网络不正当竞争案件的管辖适用《市场监督管理行政处罚程序规定》。

网络不正当竞争行为举报较为集中，或者引发严重后果或者其他不良影响的，可以由实际经营地、违法结果发生地的设区的市级以上地方市场监督管理部门管辖。

第28条 市场监督管理部门应当加强对网络不正当竞争行为的监测，发现违法行为的，依法予以查处。

市场监督管理部门在查办网络不正当竞争案件过程中，被调查的经营者、利害关系人及其他有关单位、个人应当如实提供有关资料或者情况，不得伪造、销毁涉案数据以及相关资料，不得妨害市场监督管理部门依法履行职责，不得拒绝、阻碍调查。

第29条 市场监督管理部门基于案件办理的需要，可以委托第三方专业机构对与案件相关的电子证据进行取证、固定，对财务数据进行审计。

第30条 对于新型、疑难案件，市场监督管理部门可以委派专家观察员参与协助调查。专家观察员可以依据自身专业知识、业务技能、实践经验等，对经营者的竞争行为是否有促进创新、提高效率、保护消费者合法权益等正当理由提出建议。

第31条 市场监督管理部门及其工作人员、第三方专业机构、专家观察员等对参与调查过程中知悉的商业秘密负有保密义务。

市场监督管理部门的工作人员滥用职权、玩忽职守、徇私舞弊或者泄露调查过程中知悉的商业秘密的，依法给予处分。

第32条 平台经营者违反本规定第六条，未按规定保存信息，或者对平台内经营者侵害消费者合法权益行为未采取必要措施的,由市场监督管理部门依照电子商务法第八十条、第八十三条的规定处罚。

第33条 经营者违反本规定第七条的,由市场监督管理部门依照反不正当竞争法第十八条的规定处罚。

第34条 经营者违反本规定第八条、第九条的,由市场监督管理部门依照反不正当竞争法第二十条的规定处罚。

第35条 经营者违反本规定第十条的,由市场监督管理部门依照反不正当竞争法第十九条的规定处罚。

第36条 经营者违反本规定第十一条的,由市场监督管理部门依照反不正当竞争法第二十三条的规定处罚。

第37条 经营者违反本规定第十二条至第二十三条,妨害、破坏其他经营者合法提供的网络产品或者服务正常运行的,由市场监督管理部门依照反不正当竞争法第二十四条的规定处罚。

第38条 平台经营者违反本规定第二十四条、第二十五条的,由市场监督管理部门依照电子商务法第八十二条的规定处罚。

第39条 经营者违反本规定第二十八条的,由市场监督管理部门依照反不正当竞争法第二十八条的规定处罚。

第40条 法律、行政法规对网络不正当竞争行为的查处另有规定的,依照其规定。

经营者利用网络排除、限制竞争,构成垄断行为的,依照《中华人民共和国反垄断法》处理。

第41条 经营者违反本规定,有违法所得的,依照《中华人民共和国行政处罚法》第二十八条的规定,除依法应当退赔的外,应当予以没收。

第42条 违反本规定涉嫌构成犯罪,依法需要追究刑事责任的,市场监督管理部门应当按照有关规定及时将案件移送公安机关处理。

● **案例指引**

1. 某市市场监督管理局查处计算机软件公司利用网络技术实施不正当竞争案（市场监管总局公布 5 起网络不正当竞争典型案例之一）

　　裁判摘要：互联网为广大经营者提供了更为广阔的市场和发展空间，互联互通是互联网的基本属性，但并不代表网络上的数据就是公开数据。本案提示广大经营者，在电商竞争日益激烈的背景下，更要诚实守信，要在合法的范围内创新技术、开展市场竞争，在抓取网络数据时要注意合法边界，避免出现不正当获取、使用数据信息的违法行为，不得实施"搬家盗店""无货源经营"等损害竞争秩序、损害消费者权益的违法行为。

2. 区市场监督管理局查处网络科技公司妨碍、破坏其他经营者合法提供的网络产品或者服务正常运行案（市场监管总局公布 5 起网络不正当竞争典型案例之二）

　　裁判摘要：随着数字经济的发展，新型网络不正当竞争行为层出不穷。本案中当事人就利用了网络购物平台的退货规则和相关算法，通过频繁批量购买并退货的手段，导致相关店铺搜索降权、信用评级下调，妨碍和破坏了其他经营者合法提供的网络产品和服务的正常运行。这种行为突破了法律和商业道德的底线，滥用了消费者保护规则，扰乱了市场公平竞争秩序，损害了其他经营者的合法权益，应当依法予以惩处。

3. 网络科技公司不正当竞争案（市场监管总局公布 9 起网络不正当竞争典型案例之一）

　　裁判摘要：数据抓取在互联网领域是常用的技术，能够实现高效、自动地进行网络信息的读取、收集等行为的技术手段，其设计本意在于提高信息交换速率。而部分商家利用"爬虫"程序窃取他人店铺相关信息，直接挪用他人劳动成果，属于新型网络不正当竞争行为。此类案件的查办一方面有利于抑制互联网平台的无序扩张以及平台内商户的野蛮增长，减少互联网空壳企业，为合法经营企业提供生存空间；另一方面有利于提升社会对数字知识产权的保护意识，助力推动相关领域配套法律的改进和完善。

4. 甲科技公司妨碍、破坏某短视频软件正常运行案（市场监管总局公布9起网络不正当竞争典型案例之八）

裁判摘要： 互联网的发展有赖于自由竞争和技术与商业模式的创新，但竞争和创新应当以不侵犯他人合法权益为边界。某短视频软件是乙科技公司合法拥有并运营的短视频分享软件，该公司经过长期的经营投入，形成了拥有庞大用户群的某短视频生态系统，具有较高的市场知名度和良好的商业信誉。而当事人的群控系统严重干扰某短视频平台基于评论数、点赞数、分享数等若干指标的精准分发机制，制造了大量的虚假流量，从而增加其自身的市场交易机会并获得市场竞争优势，妨碍、破坏某短视频软件正常运行，扰乱了公平的市场竞争秩序，应当依法承担相应责任。

第三十条　低于成本价销售的行政责任

> 平台经营者违反本法第十四条规定强制或者变相强制平台内经营者以低于成本的价格销售商品的，由监督检查部门责令停止违法行为，处五万元以上五十万元以下的罚款；情节严重的，处五十万元以上二百万元以下的罚款。

● **法　律**

《电子商务法》（2018年8月31日）

第82条　电子商务平台经营者违反本法第三十五条规定，对平台内经营者在平台内的交易、交易价格或者与其他经营者的交易等进行不合理限制或者附加不合理条件，或者向平台内经营者收取不合理费用的，由市场监督管理部门责令限期改正，可以处五万元以上五十万元以下的罚款；情节严重的，处五十万元以上二百万元以下的罚款。

第三十一条 滥用优势地位的行政责任

经营者违反本法第十五条规定滥用自身优势地位的,由省级以上人民政府监督检查部门责令限期改正,逾期不改正的,处一百万元以下的罚款;情节严重的,处一百万元以上五百万元以下的罚款。

● 法　律

《民营经济促进法》(2025 年 4 月 30 日)

第 73 条　国家机关、事业单位、国有企业违反法律、行政法规规定或者合同约定,拒绝或者拖延支付民营经济组织账款,地方各级人民政府及其有关部门不履行向民营经济组织依法作出的政策承诺、依法订立的合同的,由有权机关予以纠正,造成损失的,依法予以赔偿;造成不良后果或者影响的,对负有责任的领导人员和直接责任人员依法给予处分。

大型企业违反法律、行政法规规定或者合同约定,拒绝或者拖延支付中小民营经济组织账款的,依法承担法律责任。

第三十二条 从轻、减轻或者不予行政处罚

经营者违反本法规定从事不正当竞争,有主动消除或者减轻违法行为危害后果等法定情形的,依法从轻或者减轻行政处罚;违法行为轻微并及时纠正,没有造成危害后果的,不予行政处罚。

● 法　律

《行政处罚法》(2021 年 1 月 22 日)

第 32 条　当事人有下列情形之一,应当从轻或者减轻行政处罚:

(一)主动消除或者减轻违法行为危害后果的;

（二）受他人胁迫或者诱骗实施违法行为的；

（三）主动供述行政机关尚未掌握的违法行为的；

（四）配合行政机关查处违法行为有立功表现的；

（五）法律、法规、规章规定其他应当从轻或者减轻行政处罚的。

第三十三条　行政处罚记入信用记录

经营者违反本法规定从事不正当竞争，受到行政处罚的，由监督检查部门记入信用记录，并依照有关法律、行政法规的规定予以公示。

● 法　律

1. 《民营经济促进法》（2025年4月30日）

第26条　建立健全信用信息归集共享机制，支持征信机构为民营经济组织融资提供征信服务，支持信用评级机构优化民营经济组织的评级方法，增加信用评级有效供给，为民营经济组织获得融资提供便利。

● 行政法规及文件

2. 《企业信息公示暂行条例》（2024年3月10日）

第2条　本条例所称企业信息，是指在市场监督管理部门登记的企业从事生产经营活动过程中形成的信息，以及政府部门在履行职责过程中产生的能够反映企业状况的信息。

第3条　企业信息公示应当真实、及时。公示的企业信息涉及国家秘密、国家安全或者社会公共利益的，应当报请主管的保密行政管理部门或者国家安全机关批准。县级以上地方人民政府有关部门公示的企业信息涉及企业商业秘密或者个人隐私的，应当报请上级主管部门批准。

第4条　省、自治区、直辖市人民政府领导本行政区域的企业信息公示工作，按照国家社会信用信息平台建设的总体要求，推动本行政区域企业信用信息公示系统的建设。

第5条　国务院市场监督管理部门推进、监督企业信息公示工作，组织国家企业信用信息公示系统的建设。国务院其他有关部门依照本条例规定做好企业信息公示相关工作。

县级以上地方人民政府有关部门依照本条例规定做好企业信息公示工作。

第6条　市场监督管理部门应当通过国家企业信用信息公示系统，公示其在履行职责过程中产生的下列企业信息：

（一）注册登记、备案信息；

（二）动产抵押登记信息；

（三）股权出质登记信息；

（四）行政处罚信息；

（五）其他依法应当公示的信息。

前款规定的企业信息应当自产生之日起20个工作日内予以公示。

第7条　市场监督管理部门以外的其他政府部门（以下简称其他政府部门）应当公示其在履行职责过程中产生的下列企业信息：

（一）行政许可准予、变更、延续信息；

（二）行政处罚信息；

（三）其他依法应当公示的信息。

其他政府部门可以通过国家企业信用信息公示系统，也可以通过其他系统公示前款规定的企业信息。市场监督管理部门和其他政府部门应当按照国家社会信用信息平台建设的总体要求，实现企业信息的互联共享。

第8条　企业应当于每年1月1日至6月30日，通过国家企业信用信息公示系统向市场监督管理部门报送上一年度年度报告,并向社会公示。

当年设立登记的企业,自下一年起报送并公示年度报告。

第9条 企业年度报告内容包括:

(一)企业通信地址、邮政编码、联系电话、电子邮箱等信息;

(二)企业开业、歇业、清算等存续状态信息;

(三)企业投资设立企业、购买股权信息;

(四)企业为有限责任公司或者股份有限公司的,其股东或者发起人认缴和实缴的出资额、出资时间、出资方式等信息;

(五)有限责任公司股东股权转让等股权变更信息;

(六)企业网站以及从事网络经营的网店的名称、网址等信息;

(七)企业从业人数、资产总额、负债总额、对外提供保证担保、所有者权益合计、营业总收入、主营业务收入、利润总额、净利润、纳税总额信息。

前款第一项至第六项规定的信息应当向社会公示,第七项规定的信息由企业选择是否向社会公示。

经企业同意,公民、法人或者其他组织可以查询企业选择不公示的信息。

第10条 企业应当自下列信息形成之日起20个工作日内通过国家企业信用信息公示系统向社会公示:

(一)有限责任公司股东或者股份有限公司发起人认缴和实缴的出资额、出资时间、出资方式等信息;

(二)有限责任公司股东股权转让等股权变更信息;

(三)行政许可取得、变更、延续信息;

(四)知识产权出质登记信息;

(五)受到行政处罚的信息;

(六)其他依法应当公示的信息。

市场监督管理部门发现企业未依照前款规定履行公示义务

的，应当责令其限期履行。

第 11 条 政府部门和企业分别对其公示信息的真实性、及时性负责。

第 12 条 政府部门发现其公示的信息不准确的，应当及时更正。公民、法人或者其他组织有证据证明政府部门公示的信息不准确的，有权要求该政府部门予以更正。

企业发现其公示的信息不准确的，应当及时更正；但是，企业年度报告公示信息的更正应当在每年 6 月 30 日之前完成。更正前后的信息应当同时公示。

第 13 条 公民、法人或者其他组织发现企业公示的信息虚假的，可以向市场监督管理部门举报，接到举报的市场监督管理部门应当自接到举报材料之日起 20 个工作日内进行核查，予以处理，并将处理情况书面告知举报人。

公民、法人或者其他组织对依照本条例规定公示的企业信息有疑问的，可以向政府部门申请查询，收到查询申请的政府部门应当自收到申请之日起 20 个工作日内书面答复申请人。

第 14 条 国务院市场监督管理部门和省、自治区、直辖市人民政府市场监督管理部门应当按照公平规范的要求，根据企业注册号等随机摇号，确定抽查的企业，组织对企业公示信息的情况进行检查。

市场监督管理部门抽查企业公示的信息，可以采取书面检查、实地核查、网络监测等方式。市场监督管理部门抽查企业公示的信息，可以委托会计师事务所、税务师事务所、律师事务所等专业机构开展相关工作，并依法利用其他政府部门作出的检查、核查结果或者专业机构作出的专业结论。

抽查结果由市场监督管理部门通过国家企业信用信息公示系统向社会公布。

第 15 条 市场监督管理部门对企业公示的信息依法开展抽

查或者根据举报进行核查，企业应当配合，接受询问调查，如实反映情况，提供相关材料。

对不予配合情节严重的企业，市场监督管理部门应当通过国家企业信用信息公示系统公示。

第16条 市场监督管理部门对涉嫌违反本条例规定的行为进行查处，可以行使下列职权：

（一）进入企业的经营场所实施现场检查；

（二）查阅、复制、收集与企业经营活动相关的合同、票据、账簿以及其他资料；

（三）向与企业经营活动有关的单位和个人调查了解情况；

（四）依法查询涉嫌违法的企业银行账户；

（五）法律、行政法规规定的其他职权。

市场监督管理部门行使前款第四项规定的职权的，应当经市场监督管理部门主要负责人批准。

第17条 任何公民、法人或者其他组织不得非法修改公示的企业信息，不得非法获取企业信息。

第18条 企业未按照本条例规定的期限公示年度报告或者未按照市场监督管理部门责令的期限公示有关企业信息的，由县级以上市场监督管理部门列入经营异常名录，并依法给予行政处罚。企业因连续2年未按规定报送年度报告被列入经营异常名录未改正，且通过登记的住所或者经营场所无法取得联系的，由县级以上市场监督管理部门吊销营业执照。

企业公示信息隐瞒真实情况、弄虚作假的，法律、行政法规有规定的，依照其规定；没有规定的，由市场监督管理部门责令改正，处1万元以上5万元以下罚款；情节严重的，处5万元以上20万元以下罚款，列入市场监督管理严重违法失信名单，并可以吊销营业执照。被列入市场监督管理严重违法失信名单的企业的法定代表人、负责人，3年内不得担任其他企业的法定代表人、负责人。

企业被吊销营业执照后,应当依法办理注销登记;未办理注销登记的,由市场监督管理部门依法作出处理。

第19条　县级以上地方人民政府及其有关部门应当建立健全信用约束机制,在政府采购、工程招投标、国有土地出让、授予荣誉称号等工作中,将企业信息作为重要考量因素,对被列入经营异常名录或者市场监督管理严重违法失信名单的企业依法予以限制或者禁入。

第20条　鼓励企业主动纠正违法失信行为、消除不良影响,依法申请修复失信记录。政府部门依法解除相关管理措施并修复失信记录的,应当及时将上述信息与有关部门共享。

第21条　政府部门未依照本条例规定履行职责的,由监察机关、上一级政府部门责令改正;情节严重的,对负有责任的主管人员和其他直接责任人员依法给予处分;构成犯罪的,依法追究刑事责任。

第22条　非法修改公示的企业信息,或者非法获取企业信息的,依照有关法律、行政法规规定追究法律责任。

第23条　公民、法人或者其他组织认为政府部门在企业信息公示工作中的具体行政行为侵犯其合法权益的,可以依法申请行政复议或者提起行政诉讼。

第24条　企业依照本条例规定公示信息,不免除其依照其他有关法律、行政法规规定公示信息的义务。

第25条　法律、法规授权的具有管理公共事务职能的组织公示企业信息适用本条例关于政府部门公示企业信息的规定。

第26条　国务院市场监督管理部门负责制定国家企业信用信息公示系统的技术规范。

个体工商户、农民专业合作社信息公示的具体办法由国务院市场监督管理部门另行制定。

第三十四条　民事责任优先承担

经营者违反本法规定，应当承担民事责任、行政责任和刑事责任，其财产不足以支付的，优先用于承担民事责任。

● 法　律

《民法典》（2020 年 5 月 28 日）

第 187 条　民事主体因同一行为应当承担民事责任、行政责任和刑事责任的，承担行政责任或者刑事责任不影响承担民事责任；民事主体的财产不足以支付的，优先用于承担民事责任。

第三十五条　拒绝、阻碍调查的行政责任

妨害监督检查部门依照本法履行职责，拒绝、阻碍调查的，由监督检查部门责令改正，对个人可以处一万元以下的罚款，对单位可以处十万元以下的罚款。

● 法　律

1. 《行政处罚法》（2021 年 1 月 22 日）

第 29 条　对当事人的同一个违法行为，不得给予两次以上罚款的行政处罚。同一个违法行为违反多个法律规范应当给予罚款处罚的，按照罚款数额高的规定处罚。

2. 《治安管理处罚法》（2025 年 6 月 27 日）

第 61 条　有下列行为之一的，处警告或者五百元以下罚款；情节严重的，处五日以上十日以下拘留，可以并处一千元以下罚款：

（一）拒不执行人民政府在紧急状态情况下依法发布的决定、命令的；

（二）阻碍国家机关工作人员依法执行职务的；

（三）阻碍执行紧急任务的消防车、救护车、工程抢险车、警车或者执行上述紧急任务的专用船舶通行的；

（四）强行冲闯公安机关设置的警戒带、警戒区或者检查点的。

阻碍人民警察依法执行职务的，从重处罚。

第三十六条　救济途径

当事人对监督检查部门作出的决定不服的，可以依法申请行政复议或者提起行政诉讼。

● 法　律

1.《行政复议法》（2023年9月1日）

第2条　公民、法人或者其他组织认为行政机关的行政行为侵犯其合法权益，向行政复议机关提出行政复议申请，行政复议机关办理行政复议案件，适用本法。

前款所称行政行为，包括法律、法规、规章授权的组织的行政行为。

第10条　公民、法人或者其他组织对行政复议决定不服的，可以依照《中华人民共和国行政诉讼法》的规定向人民法院提起行政诉讼，但是法律规定行政复议决定为最终裁决的除外。

第11条　有下列情形之一的，公民、法人或者其他组织可以依照本法申请行政复议：

（一）对行政机关作出的行政处罚决定不服；

（二）对行政机关作出的行政强制措施、行政强制执行决定不服；

（三）申请行政许可，行政机关拒绝或者在法定期限内不予答复，或者对行政机关作出的有关行政许可的其他决定不服；

（四）对行政机关作出的确认自然资源的所有权或者使用权的决定不服；

（五）对行政机关作出的征收征用决定及其补偿决定不服；

（六）对行政机关作出的赔偿决定或者不予赔偿决定不服；

（七）对行政机关作出的不予受理工伤认定申请的决定或者工伤认定结论不服；

（八）认为行政机关侵犯其经营自主权或者农村土地承包经营权、农村土地经营权的；

（九）认为行政机关滥用行政权力排除或者限制竞争的；

（十）认为行政机关违法集资、摊派费用或者违法要求履行其他义务的；

（十一）申请行政机关履行保护人身权利、财产权利、受教育权利等合法权益的法定职责，行政机关拒绝履行、未依法履行或者不予答复的；

（十二）申请行政机关依法给付抚恤金、社会保险待遇或者最低生活保障等社会保障，行政机关没有依法给付的；

（十三）认为行政机关不依法订立、不依法履行、未按照约定履行或者违法变更、解除政府特许经营协议、土地房屋征收补偿协议等行政协议的；

（十四）认为行政机关在政府信息公开工作中侵犯其合法权益的；

（十五）认为行政机关的其他行政行为侵犯其合法权益。

2.《行政诉讼法》（2017年6月27日）

第2条　公民、法人或者其他组织认为行政机关和行政机关工作人员的行政行为侵犯其合法权益，有权依照本法向人民法院提起诉讼。

前款所称行政行为，包括法律、法规、规章授权的组织作出的行政行为。

第 12 条 人民法院受理公民、法人或者其他组织提起的下列诉讼：

（一）对行政拘留、暂扣或者吊销许可证和执照、责令停产停业、没收违法所得、没收非法财物、罚款、警告等行政处罚不服的；

（二）对限制人身自由或者对财产的查封、扣押、冻结等行政强制措施和行政强制执行不服的；

（三）申请行政许可，行政机关拒绝或者在法定期限内不予答复，或者对行政机关作出的有关行政许可的其他决定不服的；

（四）对行政机关作出的关于确认土地、矿藏、水流、森林、山岭、草原、荒地、滩涂、海域等自然资源的所有权或者使用权的决定不服的；

（五）对征收、征用决定及其补偿决定不服的；

（六）申请行政机关履行保护人身权、财产权等合法权益的法定职责，行政机关拒绝履行或者不予答复的；

（七）认为行政机关侵犯其经营自主权或者农村土地承包经营权、农村土地经营权的；

（八）认为行政机关滥用行政权力排除或者限制竞争的；

（九）认为行政机关违法集资、摊派费用或者违法要求履行其他义务的；

（十）认为行政机关没有依法支付抚恤金、最低生活保障待遇或者社会保险待遇的；

（十一）认为行政机关不依法履行、未按照约定履行或者违法变更、解除政府特许经营协议、土地房屋征收补偿协议等协议的；

（十二）认为行政机关侵犯其他人身权、财产权等合法权益的。

除前款规定外，人民法院受理法律、法规规定可以提起诉讼的其他行政案件。

● 部门规章及文件

3.《制止滥用行政权力排除、限制竞争行为规定》（2023年3月10日）

第2条 国家市场监督管理总局（以下简称市场监管总局）负责滥用行政权力排除、限制竞争行为的反垄断统一执法工作。

市场监管总局根据反垄断法第十三条第二款规定，授权各省、自治区、直辖市人民政府市场监督管理部门（以下称省级市场监管部门）负责本行政区域内滥用行政权力排除、限制竞争行为的反垄断执法工作。

本规定所称反垄断执法机构包括市场监管总局和省级市场监管部门。

第3条 市场监管总局负责对下列滥用行政权力排除、限制竞争行为进行调查，提出依法处理的建议（以下简称查处）：

（一）在全国范围内有影响的；

（二）省级人民政府实施的；

（三）案情较为复杂或者市场监管总局认为有必要直接查处的。

前款所列的滥用行政权力排除、限制竞争行为，市场监管总局可以指定省级市场监管部门查处。

省级市场监管部门查处滥用行政权力排除、限制竞争行为时，发现不属于本部门查处范围，或者虽属于本部门查处范围，但有必要由市场监管总局查处的，应当及时报告市场监管总局。

第4条 行政机关和法律、法规授权的具有管理公共事务职能的组织不得滥用行政权力，实施下列行为，限定或者变相限定单位或者个人经营、购买、使用其指定的经营者提供的商品或者服务（以下统称商品）：

（一）以明确要求、暗示、拒绝或者拖延行政审批、备案、重复检查、不予接入平台或者网络等方式，限定或者变相限定经营、购买、使用特定经营者提供的商品；

（二）通过限制投标人所在地、所有制形式、组织形式等方式，限定或者变相限定经营、购买、使用特定经营者提供的商品；

（三）通过设置不合理的项目库、名录库、备选库、资格库等方式，限定或者变相限定经营、购买、使用特定经营者提供的商品；

（四）限定或者变相限定单位或者个人经营、购买、使用其指定的经营者提供的商品的其他行为。

第5条 行政机关和法律、法规授权的具有管理公共事务职能的组织不得滥用行政权力，通过与经营者签订合作协议、备忘录等方式，妨碍其他经营者进入相关市场或者对其他经营者实行不平等待遇，排除、限制竞争。

第6条 行政机关和法律、法规授权的具有管理公共事务职能的组织不得滥用行政权力，实施下列行为，妨碍商品在地区之间的自由流通：

（一）对外地商品设定歧视性收费项目、实行歧视性收费标准，或者规定歧视性价格、实行歧视性补贴政策；

（二）对外地商品规定与本地同类商品不同的技术要求、检验标准，或者对外地商品采取重复检验、重复认证等歧视性技术措施，阻碍、限制外地商品进入本地市场；

（三）采取专门针对外地商品的行政许可，或者对外地商品实施行政许可时，设定不同的许可条件、程序、期限等，阻碍、限制外地商品进入本地市场；

（四）设置关卡、通过软件或者互联网设置屏蔽等手段，阻碍、限制外地商品进入或者本地商品运出；

（五）妨碍商品在地区之间自由流通的其他行为。

第7条 行政机关和法律、法规授权的具有管理公共事务职能的组织不得滥用行政权力，实施下列行为，排斥或者限制经营者参加招标投标以及其他经营活动：

（一）不依法发布招标投标等信息；

（二）排斥或者限制外地经营者参与本地特定的招标投标活动和其他经营活动；

（三）设定歧视性的资质要求或者评审标准；

（四）设定与实际需要不相适应或者与合同履行无关的资格、技术和商务条件；

（五）排斥或者限制经营者参加招标投标以及其他经营活动的其他行为。

第8条 行政机关和法律、法规授权的具有管理公共事务职能的组织不得滥用行政权力，实施下列行为，排斥、限制、强制或者变相强制外地经营者在本地投资或者设立分支机构：

（一）拒绝、强制或者变相强制外地经营者在本地投资或者设立分支机构；

（二）对外地经营者在本地投资的规模、方式以及设立分支机构的地址、商业模式等进行限制或者提出不合理要求；

（三）对外地经营者在本地的投资或者设立的分支机构在投资、经营规模、经营方式、税费缴纳等方面规定与本地经营者不同的要求，在安全生产、节能环保、质量标准、行政审批、备案等方面实行歧视性待遇；

（四）排斥、限制、强制或者变相强制外地经营者在本地投资或者设立分支机构的其他行为。

第9条 行政机关和法律、法规授权的具有管理公共事务职能的组织不得滥用行政权力，强制或者变相强制经营者从事反垄断法规定的垄断行为。

第10条 行政机关和法律、法规授权的具有管理公共事务职能的组织不得滥用行政权力，以办法、决定、公告、通知、意见、会议纪要、函件等形式，制定、发布含有排除、限制竞争内容的规定。

第11条 反垄断执法机构依据职权，或者通过举报、上级机关交办、其他机关移送、下级机关报告等途径，发现涉嫌滥用行政权力排除、限制竞争行为。

第12条 对涉嫌滥用行政权力排除、限制竞争行为，任何单位和个人有权向反垄断执法机构举报。反垄断执法机构应当为举报人保密。

第13条 举报采用书面形式并提供相关事实和证据的，有关反垄断执法机构应当进行必要的调查。书面举报一般包括下列内容：

（一）举报人的基本情况；

（二）被举报人的基本情况；

（三）涉嫌滥用行政权力排除、限制竞争行为的相关事实和证据；

（四）是否就同一事实已向其他行政机关举报、申请行政复议或者向人民法院提起诉讼。

第14条 反垄断执法机构负责所管辖案件的受理。省级以下市场监管部门收到举报材料或者发现案件线索的，应当在七个工作日内将相关材料报送省级市场监管部门。

对于被举报人信息不完整、相关事实不清晰的举报，受理机关可以通知举报人及时补正。

对于采用书面形式的实名举报，反垄断执法机构在案件调查处理完毕后，可以根据举报人的书面请求依法向其反馈举报处理结果。

第15条 反垄断执法机构经过对涉嫌滥用行政权力排除、限制竞争行为的必要调查,决定是否立案。

被调查单位在上述调查期间已经采取措施停止相关行为,消除相关竞争限制的,可以不予立案。

省级市场监管部门应当自立案之日起七个工作日内向市场监管总局备案。

第16条 立案后,反垄断执法机构应当及时进行调查,依法向有关单位和个人了解情况,收集、调取证据。有关单位或者个人应当配合调查。

第17条 市场监管总局在查处涉嫌滥用行政权力排除、限制竞争行为时,可以委托省级市场监管部门进行调查。

省级市场监管部门在查处涉嫌滥用行政权力排除、限制竞争行为时,可以委托下级市场监管部门进行调查。

受委托的市场监管部门在委托范围内,以委托机关的名义进行调查,不得再委托其他行政机关、组织或者个人进行调查。

第18条 省级市场监管部门查处涉嫌滥用行政权力排除、限制竞争行为时,可以根据需要商请相关省级市场监管部门协助调查,相关省级市场监管部门应当予以协助。

第19条 被调查单位和个人有权陈述意见,提出事实、理由和相关证据。反垄断执法机构应当进行核实。

第20条 经调查,反垄断执法机构认为构成滥用行政权力排除、限制竞争行为的,可以向有关上级机关提出依法处理的建议。

在调查期间,被调查单位主动采取措施停止相关行为,消除相关竞争限制的,反垄断执法机构可以结束调查。

经调查,反垄断执法机构认为不构成滥用行政权力排除、限制竞争行为的,应当结束调查。

第 21 条 反垄断执法机构向有关上级机关提出依法处理建议的，应当制作行政建议书，同时抄送被调查单位。行政建议书应当载明以下事项：

（一）主送单位名称；
（二）被调查单位名称；
（三）违法事实；
（四）被调查单位的陈述意见及采纳情况；
（五）处理建议及依据；
（六）被调查单位改正的时限及要求；
（七）反垄断执法机构名称、公章及日期。

前款第五项规定的处理建议应当能够消除相关竞争限制，并且具体、明确，可以包括停止实施有关行为、解除有关协议、停止执行有关备忘录、废止或者修改有关文件并向社会公开文件的废止或者修改情况等。

被调查单位应当按照行政建议书载明的处理建议，积极落实改正措施，并按照反垄断执法机构的要求，限期将有关改正情况书面报告上级机关和反垄断执法机构。

第 22 条 省级市场监管部门在提出依法处理的建议或者结束调查前，应当向市场监管总局报告。提出依法处理的建议后七个工作日内，向市场监管总局备案。

反垄断执法机构认为构成滥用行政权力排除、限制竞争行为的，依法向社会公布。

第 23 条 市场监管总局应当加强对省级市场监管部门查处滥用行政权力排除、限制竞争行为的指导和监督，统一执法标准。

省级市场监管部门应当严格按照市场监管总局相关规定查处滥用行政权力排除、限制竞争行为。

第 24 条 行政机关和法律、法规授权的具有管理公共事务职能的组织涉嫌违反反垄断法规定，滥用行政权力排除、限制竞争的，反垄断执法机构可以对其法定代表人或者负责人进行约谈。

约谈可以指出涉嫌滥用行政权力排除、限制竞争的问题，听取情况说明，要求其提出改进措施消除相关竞争限制。

约谈结束后，反垄断执法机构可以将约谈情况通报被约谈单位的有关上级机关。省级市场监管部门应当在七个工作日内将约谈情况向市场监管总局备案。

第25条　约谈应当经反垄断执法机构主要负责人批准。反垄断执法机构可以根据需要，邀请被约谈单位的有关上级机关共同实施约谈。

反垄断执法机构可以公开约谈情况，也可以邀请媒体、行业协会、专家学者、相关经营者、社会公众代表列席约谈。

第26条　对反垄断执法机构依法实施的调查，有关单位或者个人拒绝提供有关材料、信息，或者提供虚假材料、信息，或者隐匿、销毁、转移证据，或者有其他拒绝、阻碍调查行为的，反垄断执法机构依法作出处理，并可以向其有关上级机关、监察机关等反映情况。

第27条　反垄断执法机构工作人员滥用职权、玩忽职守、徇私舞弊或者泄露执法过程中知悉的商业秘密、个人隐私和个人信息的，依照有关规定处理。

第28条　反垄断执法机构在调查期间发现的公职人员涉嫌职务违法、职务犯罪问题线索，应当及时移交纪检监察机关。

第29条　行政机关和法律、法规授权的具有管理公共事务职能的组织，在制定涉及市场主体经济活动的规章、规范性文件和其他政策措施时，应当按照有关规定进行公平竞争审查，评估对市场竞争的影响，防止排除、限制市场竞争。涉嫌构成滥用行政权力排除、限制竞争行为的，由反垄断执法机构依法调查。

第 30 条　各级市场监管部门可以通过以下方式，积极支持、促进行政机关和法律、法规授权的具有管理公共事务职能的组织强化公平竞争理念，改进有关政策措施，维护公平竞争市场环境：

（一）宣传公平竞争法律法规和政策；

（二）在政策措施制定过程中提供公平竞争咨询；

（三）组织开展有关政策措施实施的竞争影响评估，发布评估报告；

（四）组织开展培训交流；

（五）提供工作指导建议；

（六）其他有利于改进政策措施的竞争宣传倡导活动。

鼓励行政机关和法律、法规授权的具有管理公共事务职能的组织主动增强公平竞争意识，培育和弘扬公平竞争文化，提升公平竞争政策实施能力。

第三十七条　工作人员违法的行政责任

> 监督检查部门的工作人员滥用职权、玩忽职守、徇私舞弊或者泄露调查过程中知悉的商业秘密、个人隐私或者个人信息的，依法给予处分。

● 法　律

1. 《公务员法》（2018 年 12 月 29 日）

第 59 条　公务员应当遵纪守法，不得有下列行为：

（一）散布有损宪法权威、中国共产党和国家声誉的言论，组织或者参加旨在反对宪法、中国共产党领导和国家的集会、游行、示威等活动；

（二）组织或者参加非法组织，组织或者参加罢工；

（三）挑拨、破坏民族关系，参加民族分裂活动或者组织、利用宗教活动破坏民族团结和社会稳定；

（四）不担当，不作为，玩忽职守，贻误工作；

（五）拒绝执行上级依法作出的决定和命令；

（六）对批评、申诉、控告、检举进行压制或者打击报复；

（七）弄虚作假，误导、欺骗领导和公众；

（八）贪污贿赂，利用职务之便为自己或者他人谋取私利；

（九）违反财经纪律，浪费国家资财；

（十）滥用职权，侵害公民、法人或者其他组织的合法权益；

（十一）泄露国家秘密或者工作秘密；

（十二）在对外交往中损害国家荣誉和利益；

（十三）参与或者支持色情、吸毒、赌博、迷信等活动；

（十四）违反职业道德、社会公德和家庭美德；

（十五）违反有关规定参与禁止的网络传播行为或者网络活动；

（十六）违反有关规定从事或者参与营利性活动，在企业或者其他营利性组织中兼任职务；

（十七）旷工或者因公外出、请假期满无正当理由逾期不归；

（十八）违纪违法的其他行为。

第62条　处分分为：警告、记过、记大过、降级、撤职、开除。

2.《公职人员政务处分法》（2020年6月20日）

第7条　政务处分的种类为：

（一）警告；

（二）记过；

（三）记大过；

（四）降级；

（五）撤职；

（六）开除。

第8条　政务处分的期间为：

（一）警告，六个月；

（二）记过，十二个月；

（三）记大过，十八个月；

（四）降级、撤职，二十四个月。

政务处分决定自作出之日起生效，政务处分期自政务处分决定生效之日起计算。

第39条 有下列行为之一，造成不良后果或者影响的，予以警告、记过或者记大过；情节较重的，予以降级或者撤职；情节严重的，予以开除：

（一）滥用职权，危害国家利益、社会公共利益或者侵害公民、法人、其他组织合法权益的；

（二）不履行或者不正确履行职责，玩忽职守，贻误工作的；

（三）工作中有形式主义、官僚主义行为的；

（四）工作中有弄虚作假、误导、欺骗行为的；

（五）泄露国家秘密、工作秘密，或者泄露因履行职责掌握的商业秘密、个人隐私的。

第三十八条 治安管理处罚和刑事责任

违反本法规定，构成违反治安管理行为的，依法给予治安管理处罚；构成犯罪的，依法追究刑事责任。

● 法 律

《刑法》（2023年12月29日）

第164条 为谋取不正当利益，给予公司、企业或者其他单位的工作人员以财物，数额较大的，处三年以下有期徒刑或者拘役，并处罚金；数额巨大的，处三年以上十年以下有期徒刑，并处罚金。

第389条 为谋取不正当利益，给予国家工作人员以财物的，是行贿罪。

在经济往来中，违反国家规定，给予国家工作人员以财物，数额较大的，或者违反国家规定，给予国家工作人员以各种名义的回扣、手续费的，以行贿论处。

因被勒索给予国家工作人员以财物，没有获得不正当利益的，不是行贿。

第397条 国家机关工作人员滥用职权或者玩忽职守，致使公共财产、国家和人民利益遭受重大损失的，处三年以下有期徒刑或者拘役；情节特别严重的，处三年以上七年以下有期徒刑。本法另有规定的，依照规定。

国家机关工作人员徇私舞弊，犯前款罪的，处五年以下有期徒刑或者拘役；情节特别严重的，处五年以上十年以下有期徒刑。本法另有规定的，依照规定。

第三十九条　举证责任

在侵犯商业秘密的民事审判程序中，商业秘密权利人提供初步证据，证明其已经对所主张的商业秘密采取保密措施，且合理表明商业秘密被侵犯，涉嫌侵权人应当证明权利人所主张的商业秘密不属于本法规定的商业秘密。

商业秘密权利人提供初步证据合理表明商业秘密被侵犯，且提供以下证据之一的，涉嫌侵权人应当证明其不存在侵犯商业秘密的行为：

（一）有证据表明涉嫌侵权人有渠道或者机会获取商业秘密，且其使用的信息与该商业秘密实质上相同；

（二）有证据表明商业秘密已经被涉嫌侵权人披露、使用或者有被披露、使用的风险；

（三）有其他证据表明商业秘密被涉嫌侵权人侵犯。

● 案例指引

1. 甲种业公司与乙种业公司侵害技术秘密纠纷案（《最高人民法院公报》2023 年第 3 期）

案例要旨：作物育种过程中形成的育种中间材料、自交系亲本等，不同于自然界发现的植物材料，是育种者付出创造性劳动的智力成果，具有技术信息和载体实物兼而有之的特点，且二者不可分离。通过育种创新活动获得的具有商业价值的育种材料，在具备不为公众所知悉并采取相应保密措施等条件下，可以作为商业秘密依法获得法律保护。育种材料生长依赖土壤、水分、空气和阳光，需要田间管理，权利人对于该作物材料采取的保密措施难以做到万无一失，其保密措施是否合理，需要考虑育种材料自身的特点，应以在正常情况下能够达到防止被泄露的防范程度为宜。制订保密制度、签署保密协议、禁止对外扩散、对繁殖材料以代号称之等，在具体情况下均可构成合理的保密措施。

2. 某集团、甲机械公司诉乙机械公司、机械制造公司、孙某良、印某洋、吴某坡侵害计算机软件著作权及侵害商业秘密纠纷案（人民法院案例库 2025-13-2-176-001）

裁判摘要：如被诉侵权人基于其在先实施的侵害商业秘密行为，已非法获取和使用了商业秘密，权利人提交的证据可以初步证明被诉侵权人有再次实施行为，而被诉侵权人不能提交足以反驳的证据的，可以认定权利人有关被诉侵权人继续实施侵害商业秘密行为的主张成立。员工在原单位任职期间，通过配偶等案外人隐名持股的方式设立公司并参与实施侵害商业秘密行为的，该员工与公司构成共同侵权，应当承担连带责任。如计算机软件与特定数据具有唯一对应关系，二者不能分割使用，根据现有证据足以认定被诉侵权人存在使用特定数据的情形，则可一并认定其同时使用了该计算机软件。没有证据证明权利人怠于主张权利或者放任侵权行为的，对于被诉侵权人以诉讼时效为由，主张仅计算起诉之日前三年的侵权损害赔偿责任的，人民法院不予支持。

第五章　附　　则

第四十条　境外不正当竞争行为法律适用

在中华人民共和国境外实施本法规定的不正当竞争行为，扰乱境内市场竞争秩序，损害境内经营者或者消费者的合法权益的，依照本法以及有关法律的规定处理。

第四十一条　施行时间

本法自 2025 年 10 月 15 日起施行。

● **法　律**

《立法法》（2023 年 3 月 13 日）

第 61 条　法律应当明确规定施行日期。

附录一

关于《中华人民共和国反不正当竞争法（修订草案征求意见稿）》的说明

（国家市场监督管理总局　2022年11月22日）

公平竞争是市场经济的基本原则，是市场机制高效运行的重要基础。党中央、国务院高度重视反不正当竞争工作，习近平总书记多次作出重要指示，强调深入推进公平竞争政策实施，加强反垄断和反不正当竞争，加快完善相关法律制度，推进反垄断法、反不正当竞争法修订工作。党的二十大报告强调，要完善公平竞争等市场经济基础制度，优化营商环境，加强反不正当竞争。为贯彻落实党中央、国务院决策部署，进一步完善公平竞争制度，按照《国务院2022年度立法工作计划》安排，市场监管总局起草了《中华人民共和国反不正当竞争法（修订草案征求意见稿）》（以下简称修订草案）。现说明如下：

一、修订的必要性

反不正当竞争法自1993年正式施行，于2017年、2019年进行了两次修订。作为规范市场竞争行为的基础性法律，在营造公平竞争的市场环境，保护经营者和消费者合法权益方面发挥着非常重要的作用。

随着新经济、新业态、新模式的层出不穷，利用数据、算法、平台规则等实施的新型不正当竞争行为亟待规制。2022年3月，党中央、国务院印发《关于加快建设全国统一大市场的意见》，提出建设高效规范、公平竞争、充分开放的"全国统一大市场"，要求加快推动修改反垄断法、反不正当竞争法，要对市场主体、消费者反映强烈的重点行业和领域，加强全链条竞争监管执法，以公正监管保障公平竞争；加强对平台经济、共享经济等新业态领域不正当竞争行为的规制，整治网络黑灰产业链条，治理新型网络不正当竞争行为，为反不正当竞争立法和执法工作提出了明确指引。此外，实践中仍存在着一些突出的反不正当竞争问题需要进一步研究规制，反不正当竞争法与其他法律一些条款之间的冲突与竞合也需要进一步研究解决。

二、修订过程

市场监管总局于 2021 年 12 月启动了反不正当竞争法的修订工作。成立了反不正当竞争法修改工作领导小组，统筹推进，深入研究。在全面梳理总结反不正当竞争工作实践，研究借鉴域外立法经验，充分征求地方市场监管部门、反不正当竞争部际联席会议成员单位及相关部门意见的基础上，草拟形成了修订草案初稿。此后，邀请相关专家学者、地方市场监管部门和行业企业，对修订草案进行逐条论证，充分采纳各方意见，进一步修改完善，形成修订草案征求意见稿。

三、修改的主要内容

（一）完善数字经济反不正当竞争规则，规范治理新经济、新业态、新模式发展中出现的扰乱竞争秩序的行为。修订草案结合数字经济领域竞争行为的特点，针对数据获取和使用中的不正当竞争行为、利用算法实施的不正当竞争行为，以及阻碍开放共享等网络新型不正当竞争行为作出详细规定。同时，考虑到数字经济领域不正当竞争行为认定的复杂性，规定了判断是否构成不正当竞争行为的考量因素，增强制度的可预期性和执法的规范性。此外，还规定了平台经营者加强竞争合规管理的责任，推动反不正当竞争的社会共治。

（二）针对监管执法实践中存在的突出问题，对现有不正当竞争行为的表现形式进行补充完善。一是完善商业混淆条款，结合执法实践需要，补充构成商业混淆的标识类型，增加自媒体名称、应用软件名称等；将销售混淆商品，以及为实施混淆行为提供便利条件的行为纳入规制范围，并区分主观故意，设定相应的法律责任。二是在商业贿赂条款中，对受贿行为作出禁止性规定。三是细化虚假宣传条款，对商业宣传的行为类型作出描述，为执法实践中区分商业宣传与广告提供参考；加大对组织帮助虚假宣传行为的打击力度，明确禁止通过组织虚假交易、虚构评价等方式帮助其他经营者进行虚假宣传。四是加强商业秘密保护，规定国家推动建立健全商业秘密自我保护、行政保护、司法保护一体的商业秘密保护体系。五是将指使他人实施商业诋毁的行为纳入规制范围。

（三）填补法律空白，新增不正当竞争行为的类型。一是新增损害公平交易行为，强化对中小市场主体合法权益的保护。考虑到当前监管实践中，具有相对优势地位的市场主体，为了获取非法利益或者不当扩大竞争优势，对交易相对方，特别是中小企业等市场主体、平台内经营者的经营活动进行不合理限制或者附加不合理条件，造成中小企业创业难、经营难，严重扰乱了市场公平竞争秩序，阻碍创业创新。草案对目前较为典型的损害公平交易行为进行类型化，列举了"二选一"、强制搭售等六类行为，并在附则中对如何判断"相对优势地位"作出指引。二是新增恶意交易行为，针对故意实施恶意交易，触发其他经营者受到相关规则惩戒，从而妨碍、破坏其他经营者正常经营的行为进行归纳列举，予以禁止。

（四）按照强化反不正当竞争的要求，完善法律责任。一是对损害公平交易、实施恶意交易，以及新型网络不正当竞争行为等新增违法行为设定了相应的处罚。二是增设了部分违法行为的法律责任，对知道或者应当知道他人实施混淆行为，仍销售混淆商品，或者故意为实施混淆行为提供便利条件，帮助他人实施混淆行为的，设定了行政处罚；对商业贿赂中收受贿赂的行为增加了处罚等。三是科学调整违法行为的处罚额度。根据执法实践需要，为确保过罚相当，降低了虚假宣传的处罚下限；同时，对实施损害公平交易及网络不正当竞争行为，情节特别严重，性质特别恶劣，严重损害公平竞争秩序或者社会公共利益的，进一步加大打击力度。

关于《中华人民共和国反不正当竞争法（修订草案）》的说明

——2024年12月21日在第十四届全国人民代表大会常务委员会第十三次会议上

国家市场监督管理总局局长　罗　文

委员长、各位副委员长、秘书长、各位委员：

　　我受国务院委托，现对《中华人民共和国反不正当竞争法（修订草案）》（以下简称草案）作说明。

一、修订背景和过程

　　党中央、国务院高度重视强化反不正当竞争工作。习近平总书记多次作出重要指示批示，深刻指出反不正当竞争是完善社会主义市场经济体制、推动高质量发展的内在要求，要健全法律法规，促进形成公平竞争的市场环境，为各类经营主体特别是中小企业创造广阔的发展空间，更好保护消费者权益。党的二十届三中全会对加强公平竞争审查刚性约束，强化反垄断和反不正当竞争作出部署。李强总理强调，要着力营造公平竞争的市场环境，健全透明、可预期的常态化监管制度。

　　现行反不正当竞争法于1993年公布施行，并于2017年、

2019年两次修改。反不正当竞争法施行以来，对于制止不正当竞争行为、保护经营者和消费者合法权益、维护公平竞争市场秩序发挥了重要作用。实践证明，现行反不正当竞争法的框架和主要制度总体可行。与此同时，随着经济快速发展，反不正当竞争法在实施中也面临一些新的问题。例如，交易活动中的商业贿赂多发，需要进一步予以规制；一些平台经营者利用数据和算法、平台规则等实施网络不正当竞争等。因此，迫切需要对现行反不正当竞争法进行有针对性的修改完善。反不正当竞争法修订已分别列入全国人大常委会和国务院2024年度立法工作计划。

为贯彻落实党中央、国务院决策部署，司法部、市场监管总局深入调查研究，向社会公开征求意见，多次征求中央有关单位和各省级人民政府意见，专题听取有关专家学者的意见建议，就重点问题开展研究论证，反复研究修改，形成了草案。草案已经国务院常务会议讨论通过。

二、总体思路和主要内容

草案以习近平新时代中国特色社会主义思想为指导，深入贯彻落实党中央、国务院决策部署。一是统筹活力和秩序、效率和公平，推动有效市场和有为政府更好结合，合理明确经营者义务，为各类经营者公平参与市场竞争创造良好制度环境。二是坚持问题导向，总结监管实践经验，针对近年来查处不正当竞争行为时面临的新情况新问题，完善相关制度规则，维护中小企业发展空间，保护消费者权益。三是进一步夯实加强和改进反不正当竞争监管执法的制度基础，科学调整处罚额度，加大对严重破坏公平竞争秩序的不正当竞争行为的处罚力度，营造稳定可预期的市场化法治化营商环境。

草案共五章四十一条，主要修订了以下内容：

（一）明确反不正当竞争总体要求。为确保反不正当竞争工作正确政治方向，规定反不正当竞争工作坚持中国共产党的领导；国家健全完善反不正当竞争规则制度，加强反不正当竞争执法司法，维护公平竞争秩序。完善部门职责表述，规定县级以上人民政府反不正当竞争行政主管部门对不正当竞争行为进行查处，法律、行政法规规定由其他部门查处的，依照其规定。

（二）完善不正当竞争行为相关规定。一是完善规制混淆行为的情形。规定经营者不得擅自使用他人有一定影响的新媒体账号名称、应用程序名称或者图标，或是擅自将他人有一定影响的商品名称、企业名称等设置为其搜索关键词，引起混淆；经营者也不得为他人实施混淆行为提供便利。二是强化商业贿赂治理。坚持"行贿受贿一起查"，在现行禁止实施贿赂规定的基础上，增加单位和个人不得在交易活动中收受贿赂的规定。三是完善网络不正当竞争监管制度。规定平台经营者应当依法在平台服务协议和交易规则中明确平台内公平竞争规则，及时采取必要措施制止平台内经营者不正当竞争行为。经营者不得利用数据和算法、技术、平台规则等，实施恶意交易等不正当竞争行为。同时，草案还完善了虚假宣传、不正当有奖销售、商业诋毁、滥用优势地位损害中小企业合法权益等行为相关规定。

（三）完善反不正当竞争监管和处罚规定。按照行政处罚法规定的过罚相当、处罚与教育相结合原则，丰富监管措施，科学调整处罚额度。一是增加规定经营者涉嫌违反本法规定的，监督检查部门可以对其法定代表人或者负责人进行约谈，要求其采取措施及时整改。二是加大对不正当竞争行为的处罚力度。增加对实施商业贿赂的经营者的法定代表人、主要负责人和直接责任人员等"处罚到人"规定；补充对在交易活动中收受贿赂的单位和个人有关罚则。

此外，草案还规定了本法的域外适用效力。

草案和以上说明是否妥当，请审议。

全国人民代表大会宪法和法律委员会关于《中华人民共和国反不正当竞争法（修订草案）》审议结果的报告

（2025年6月24日）

全国人民代表大会常务委员会：

常委会第十三次会议对反不正当竞争法修订草案进行了初次审议。会后，法制工作委员会将修订草案印发部分中央有关单位、地方人大、基层立法联系点、高等院校等征求意见；在中国人大网公布修订草案全文，征求社会公众意见；宪法和法律委员会、财政经济委员会、法制工作委员会联合召开座谈会，听取中央有关部门、全国人大代表、企业和专家学者等的意见。宪法和法律委员会、法制工作委员会还到广东、江苏、山东、浙江进行调研，听取地方政府有关部门、企业等的意见；并就修订草案有关重要问题与司法部、市场监管总局等部门多次交换意见，共同研究。宪法和法律委员会于6月4日召开会议，根据常委会组成人员的审议意见和各方面的意见，对修订草案进行了逐条审议。财政经济委员会、司法部、市场监管总局有关负责同志列席了会议。6月16日，宪法和法律委员会召开会议，再次进行了审议。宪法和法律委员会认为，修订草案经过审议修改，已经比较成熟。同时，提出以下主要修改意见：

一、有的常委会组成人员、全国人大代表提出，党中央强调"综合整治'内卷式'竞争，规范地方政府和企业行为"，对行政机关起草的涉及经营者经济活动的政策措施依法开展公平竞争审查，并加大对平台不正当竞争行为的监管力度，是规范政府和企业行为、治理"内卷式"竞争的重要举措。建议增加规定公平竞争审查制度，并修改完善治理平台"内卷式"竞争方面的规定。宪法和法律委员会经研究，建议增加规定："国家建立健全公平竞争审查制度，依法加强公平竞争审查工作，保障各类经营者依法平等使用生产要素、公平参与市场竞争。"将修订草案第十四条修改为："平台经营者不得强制或者变相强制平台内经营者按照其定价规则，以低于成本的价格销售商品，扰乱市场竞争秩序。"

二、修订草案第四条删除了现行反不正当竞争法第三条第二款关于反不正当竞争工作协调机制的规定，修订草案第五条将现行法第四条中的"履行工商行政管理职责的部门"修改为"反不正当竞争行政主管部门"。有些常委会组成人员、部门和地方提出，反不正当竞争工作主要由市场监管部门负责，同时涉及其他多个部门，实践中有必要通过协调机制加强对反不正当竞争工作的统筹协调，我国已建立了相关协调机制且运行良好，建议修订草案恢复现行法关于协调机制的规定；此外，修订草案规定的"反不正当竞争行政主管部门"指向的具体部门不清楚，建议明确为履行市场监督管理职责的部门。宪法和法律委员会经研究，建议采纳上述意见，并对相关规定作相应修改。

三、修订草案第六条第四款对平台经营者处置平台内经营者不正当竞争行为作了规定。有的部门、单位和企业提出，在网络经济时代，平台经营者应当在规范平台内经营者的竞争行为、处置不正当竞争方面发挥更大的作用，建议进一步修改完善相关规定，合理设置平台经营者的义务。宪法和法律委员会经研究，建议将该款移至第三章，修改为："平台经营者应当在平台服务协议和交易规则中明确平台内公平竞争规则，建立不正当竞争举报投诉和纠纷处置机制，引导、规范平台内经营者依法公平竞争；发现平台内经营者实施不正当竞争行为的，应当及时依法采取必要的处置措施，保存有关记录，并按规定向平台经营者住所地县级以上人民政府监督检查部门报告。"

四、修订草案第七条第一款第四项、第五项规定，经营者不得擅自将他人注册商标、未注册的驰名商标作为企业名称中的字号使用，不得擅自将他人有一定影响的商品名称、企业名称（包括简称、字号等）等设置为其搜索关键词。有的部门、全国人大代表、地方和企业提出，这两项规定的行为是否属于混淆类型的不正当竞争行为不宜一概而论，为避免这两项规定在实践中被滥用，建议明确这些行为只有"引人误认为是他人商品或者与他人存在特定联系的"才属于混淆类型的不正当竞争行为。宪法和法律委员会经研究，建议采纳这一意见，并将这两项合并为一款作相应修改。

五、修订草案第十三条第二款第四项、第五项对侵害数据权益、恶意交易等不正当竞争行为作了规定。有的部门、地方、企业和社会公众提出，侵害数据权益、恶意交易不属于该款规范的"妨碍、破坏其他经营者合法提供的网络产品或者服务正常运行的行为"，建议单独规定，平衡好数据保护和数据利用的关系，完善数据不正当竞争行为的构成要件；实践中恶意交易有多种表现形式，建议进一步细化。宪法和法律委员会经研究，建议分别修改为："经营者不得以欺诈、胁迫、避开或者破坏技术管理措施等不正当方式，获取、使用其他经营者合法持有的数据，损害其他经营者的合法权益，扰乱市场竞争秩序。""经营者不得滥用平台规则，直接或者指使他人对其他经营者实施虚假交易、虚假评价或者恶意退货等行为，损害其他经营者的合法权益，扰乱市场竞争秩序。"

六、修订草案第十五条对大型企业等经营者滥用自身优势地位扰乱公平竞争秩序作了规定。有些常委会组成人员、部门、地方、企业和社会公众提出，本条存在被滥用的风险，实践中容易影响交易安全和交易秩序，建议适当限制其适用范围，聚焦于拖欠中小企业账款问题。宪法和法律委员会经研究，建议贯彻落实党中央关于解决拖欠中小企业账款的精神，将本条修改为："大型企业等经营者不得滥用自身资金、技术、交易渠道、行业影响力等方面的优势地位，要求中小企业接受明显不合理的付款期限、方式、条件和违约责任等交易条件，拖欠中小企业的货物、工程、服务等账款。"同时，将行政处罚机关的层级提高至"省级以上人民政府监督检查部门"。

还有一个问题需要报告。有些常委会组成人员、单位、地方和企业建议，增加关于低价倾销、招标投标、网络直播带货、"大数据杀熟"等方面的规定。宪法和法律委员会研究认为，价格法、反垄断法、招标投标法、电子商务法、消费者权益保护法等法律对相关问题已作了规定，反不正当竞争法可不作重复规定。建议有关部门加强执法，切实做好法律的贯彻实施。

此外，还对修订草案作了一些文字修改。

6月16日，法制工作委员会召开会议，邀请基层有关部门、全国人大代表、专家学者、企业等，就修订草案主要制度规范的可行性、出台时机、实施的社会效果和可能出现的问题等进行评估。与会人员一致认为，修订草案贯彻落实习近平总书记关于反不正当竞争工作的重要指示批示精神和党中央决策部署，吸收相关政策内容和成熟实践经验，坚持问题导向，科学统筹有效市场和有为政府的关系，妥善处理反不正当竞争法和其他法律的关系，具有较强的针对性和可操作性；修订草案充分吸收了各方面意见，已经比较成熟，建议审议通过。同时，还对修订草案提出了一些具体修改意见，宪法和法律委员会对有的意见予以采纳。

修订草案二次审议稿已按上述意见作了修改，宪法和法律委员会建议提请本次常委会会议审议通过。

修订草案二次审议稿和以上报告是否妥当，请审议。

全国人民代表大会宪法和法律委员会关于《中华人民共和国反不正当竞争法（修订草案二次审议稿）》修改意见的报告

（2025年6月26日）

全国人民代表大会常务委员会：

本次常委会会议于6月24日下午对反不正当竞争法修订草案二次审议稿进行了分组审议。普遍认为，修订草案已经比较成熟，建议进一步修改完善后，提请本次常委会会议表决通过。同时，有些常委会组成人员和列席人员还提出了一些修改意见和建议。宪法和法律委员会于6月24日晚召开会议，逐条研究了常委会组成人员和列席人员的审议意见，对修订草案进行了审议。财政经济委员会、司法部、市场监管总局有关负责同志列席了会议。宪法和法律委员会认为，修订草案是可行的，同时，提出以下修改意见：

一、修订草案二次审议稿第七条第二款规定，擅自将他人有一定影响的商品名称、企业名称（包括简称、字号等）等设置为其搜索关键词，引人误认为是他人商品或者与他人存在特定联系的，属于混淆行为。有的常委委员提出，经营者将他人注册商标、未注册的驰名商标设置为搜索关键词导致混淆的情况也比较普遍，应当对这种情形予以明确。宪法和法律委员会经研究，建议将"有一定影响的商品名称、企业名称（包括简称、字号等）"修改为"商品名称、企业名称（包括简称、字号等）、注册商标、未注册的驰名商标"。

二、修订草案二次审议稿第十六条第三款规定，监督检查部门调查涉嫌不正当竞争行为,应当将查处结果及时向社会公开。有的常委委员提出,行政处罚法规定具有一定社会影响的行政处罚决定应当依法公开,本款要求将所有查处结果均向社会公开,实践中难以做到,建议做好与行政处罚法的衔接。宪法和法律委员会经研究,建议将本款中的"应当"修改为"应当依法"。

还有一个问题需要报告。有些常委会组成人员建议,增加关于检察公益诉讼的规定。这个问题在修订草案起草环节就提出过。宪法和法律委员会也就该问题与有关方面进行多次沟通。宪法和法律委员会经研究认为,检察公益诉讼法已经列入十四届全国人大常委会立法规划和2025年度立法工作计划,有关方面正积极推进检察公益诉讼法的起草工作,反不正当竞争公益诉讼问题宜在检察公益诉讼法中统一考虑。

经与有关方面研究,建议将修订后的反不正当竞争法的施行时间确定为2025年10月15日。

此外,根据常委会组成人员的审议意见,还对修订草案二次审议稿作了一些文字修改。

修订草案修改稿已按上述意见作了修改,宪法和法律委员会建议提请本次常委会会议审议通过。

修订草案修改稿和以上报告是否妥当,请审议。

附录二

中华人民共和国反垄断法

（2007年8月30日第十届全国人民代表大会常务委员会第二十九次会议通过 根据2022年6月24日第十三届全国人民代表大会常务委员会第三十五次会议《关于修改〈中华人民共和国反垄断法〉的决定》修正）

目　　录

第一章　总　　则
第二章　垄断协议
第三章　滥用市场支配地位
第四章　经营者集中
第五章　滥用行政权力排除、限制竞争
第六章　对涉嫌垄断行为的调查
第七章　法律责任
第八章　附　　则

第一章　总　　则

第一条　为了预防和制止垄断行为，保护市场公平竞争，鼓励创新，提高经济运行效率，维护消费者利益和社会公共利益，促进社会主义市场经济健康发展，制定本法。

第二条　中华人民共和国境内经济活动中的垄断行为，适用本法；中华人民共和国境外的垄断行为，对境内市场竞争产生排除、限制影响的，适用本法。

第三条　本法规定的垄断行为包括：

（一）经营者达成垄断协议；

（二）经营者滥用市场支配地位；

（三）具有或者可能具有排除、限制竞争效果的经营者集中。

第四条 反垄断工作坚持中国共产党的领导。

国家坚持市场化、法治化原则，强化竞争政策基础地位，制定和实施与社会主义市场经济相适应的竞争规则，完善宏观调控，健全统一、开放、竞争、有序的市场体系。

第五条 国家建立健全公平竞争审查制度。

行政机关和法律、法规授权的具有管理公共事务职能的组织在制定涉及市场主体经济活动的规定时，应当进行公平竞争审查。

第六条 经营者可以通过公平竞争、自愿联合，依法实施集中，扩大经营规模，提高市场竞争能力。

第七条 具有市场支配地位的经营者，不得滥用市场支配地位，排除、限制竞争。

第八条 国有经济占控制地位的关系国民经济命脉和国家安全的行业以及依法实行专营专卖的行业，国家对其经营者的合法经营活动予以保护，并对经营者的经营行为及其商品和服务的价格依法实施监管和调控，维护消费者利益，促进技术进步。

前款规定行业的经营者应当依法经营，诚实守信，严格自律，接受社会公众的监督，不得利用其控制地位或者专营专卖地位损害消费者利益。

第九条 经营者不得利用数据和算法、技术、资本优势以及平台规则等从事本法禁止的垄断行为。

第十条 行政机关和法律、法规授权的具有管理公共事务职能的组织不得滥用行政权力，排除、限制竞争。

第十一条 国家健全完善反垄断规则制度，强化反垄断监管力量，提高监管能力和监管体系现代化水平，加强反垄断执法司法，依法公正高效审理垄断案件，健全行政执法和司法衔接机制，维护公平竞争秩序。

第十二条 国务院设立反垄断委员会，负责组织、协调、指导反垄断工作，履行下列职责：

（一）研究拟订有关竞争政策；

（二）组织调查、评估市场总体竞争状况，发布评估报告；

（三）制定、发布反垄断指南；

（四）协调反垄断行政执法工作；

（五）国务院规定的其他职责。

国务院反垄断委员会的组成和工作规则由国务院规定。

第十三条 国务院反垄断执法机构负责反垄断统一执法工作。

国务院反垄断执法机构根据工作需要，可以授权省、自治区、直辖市人民政府相应的机构，依照本法规定负责有关反垄断执法工作。

第十四条 行业协会应当加强行业自律，引导本行业的经营者依法竞争，合规经营，维护市场竞争秩序。

第十五条 本法所称经营者，是指从事商品生产、经营或者提供服务的自然人、法人和非法人组织。

本法所称相关市场，是指经营者在一定时期内就特定商品或者服务（以下统称商品）进行竞争的商品范围和地域范围。

第二章 垄 断 协 议

第十六条 本法所称垄断协议，是指排除、限制竞争的协议、决定或者其他协同行为。

第十七条 禁止具有竞争关系的经营者达成下列垄断协议：

（一）固定或者变更商品价格；

（二）限制商品的生产数量或者销售数量；

（三）分割销售市场或者原材料采购市场；

（四）限制购买新技术、新设备或者限制开发新技术、新产品；

（五）联合抵制交易；

（六）国务院反垄断执法机构认定的其他垄断协议。

第十八条 禁止经营者与交易相对人达成下列垄断协议：

（一）固定向第三人转售商品的价格；

（二）限定向第三人转售商品的最低价格；

（三）国务院反垄断执法机构认定的其他垄断协议。

对前款第一项和第二项规定的协议，经营者能够证明其不具有排除、限制竞争效果的，不予禁止。

经营者能够证明其在相关市场的市场份额低于国务院反垄断执法机构规定的标准，并符合国务院反垄断执法机构规定的其他条件的，不予禁止。

第十九条 经营者不得组织其他经营者达成垄断协议或者为其他经营者达成垄断协议提供实质性帮助。

第二十条 经营者能够证明所达成的协议属于下列情形之一的，不适用本法第十七条、第十八条第一款、第十九条的规定：

（一）为改进技术、研究开发新产品的；

（二）为提高产品质量、降低成本、增进效率，统一产品规格、标准或者实行专业化分工的；

（三）为提高中小经营者经营效率，增强中小经营者竞争力的；

（四）为实现节约能源、保护环境、救灾救助等社会公共利益的；

（五）因经济不景气，为缓解销售量严重下降或者生产明显过剩的；

（六）为保障对外贸易和对外经济合作中的正当利益的；

（七）法律和国务院规定的其他情形。

属于前款第一项至第五项情形，不适用本法第十七条、第十八条第一款、第十九条规定的，经营者还应当证明所达成的协议不会严重限制相关市场的竞争，并且能够使消费者分享由此产生的利益。

第二十一条　行业协会不得组织本行业的经营者从事本章禁止的垄断行为。

第三章　滥用市场支配地位

第二十二条　禁止具有市场支配地位的经营者从事下列滥用市场支配地位的行为：

（一）以不公平的高价销售商品或者以不公平的低价购买商品；

（二）没有正当理由，以低于成本的价格销售商品；

（三）没有正当理由，拒绝与交易相对人进行交易；

（四）没有正当理由，限定交易相对人只能与其进行交易或者只能与其指定的经营者进行交易；

（五）没有正当理由搭售商品，或者在交易时附加其他不合理的交易条件；

（六）没有正当理由，对条件相同的交易相对人在交易价格等交易条件上实行差别待遇；

（七）国务院反垄断执法机构认定的其他滥用市场支配地位的行为。

具有市场支配地位的经营者不得利用数据和算法、技术以及平台规则等从事前款规定的滥用市场支配地位的行为。

本法所称市场支配地位，是指经营者在相关市场内具有能够控制商品价格、数量或者其他交易条件，或者能够阻碍、影响其他经营者进入相关市场能力的市场地位。

第二十三条　认定经营者具有市场支配地位，应当依据下列因素：

（一）该经营者在相关市场的市场份额，以及相关市场的竞争状况；

（二）该经营者控制销售市场或者原材料采购市场的能力；

（三）该经营者的财力和技术条件；

（四）其他经营者对该经营者在交易上的依赖程度；

（五）其他经营者进入相关市场的难易程度；

（六）与认定该经营者市场支配地位有关的其他因素。

第二十四条 有下列情形之一的，可以推定经营者具有市场支配地位：

（一）一个经营者在相关市场的市场份额达到二分之一的；

（二）两个经营者在相关市场的市场份额合计达到三分之二的；

（三）三个经营者在相关市场的市场份额合计达到四分之三的。

有前款第二项、第三项规定的情形，其中有的经营者市场份额不足十分之一的，不应当推定该经营者具有市场支配地位。

被推定具有市场支配地位的经营者，有证据证明不具有市场支配地位的，不应当认定其具有市场支配地位。

第四章 经营者集中

第二十五条 经营者集中是指下列情形：

（一）经营者合并；

（二）经营者通过取得股权或者资产的方式取得对其他经营者的控制权；

（三）经营者通过合同等方式取得对其他经营者的控制权或者能够对其他经营者施加决定性影响。

第二十六条 经营者集中达到国务院规定的申报标准的，经营者应当事先向国务院反垄断执法机构申报，未申报的不得实施集中。

经营者集中未达到国务院规定的申报标准，但有证据证明该经营者集中具有或者可能具有排除、限制竞争效果的，国务院反垄断执法机构可以要求经营者申报。

经营者未依照前两款规定进行申报的，国务院反垄断执法机构应当依法进行调查。

第二十七条 经营者集中有下列情形之一的，可以不向国务院反垄断执法机构申报：

（一）参与集中的一个经营者拥有其他每个经营者百分之五十以上有表决权的股份或者资产的；

（二）参与集中的每个经营者百分之五十以上有表决权的股份或者资产被同一个未参与集中的经营者拥有的。

第二十八条 经营者向国务院反垄断执法机构申报集中，应当提交下列文件、资料：

（一）申报书；

（二）集中对相关市场竞争状况影响的说明；

（三）集中协议；

（四）参与集中的经营者经会计师事务所审计的上一会计年度财务会计报告；

（五）国务院反垄断执法机构规定的其他文件、资料。

申报书应当载明参与集中的经营者的名称、住所、经营范围、预定实施集中的日期和国务院反垄断执法机构规定的其他事项。

第二十九条 经营者提交的文件、资料不完备的，应当在国务院反垄断执法机构规定的期限内补交文件、资料。经营者逾期未补交文件、资料的，视为未申报。

第三十条 国务院反垄断执法机构应当自收到经营者提交的符合本法第二十八条规定的文件、资料之日起三十日内，对申报的经营者集中进行初步审查，作出是否实施进一步审查的决定，并书面通知经营者。国务院反垄断执法机构作出决定前，经营者不得实施集中。

国务院反垄断执法机构作出不实施进一步审查的决定或者逾期未作出决定的，经营者可以实施集中。

第三十一条　国务院反垄断执法机构决定实施进一步审查的,应当自决定之日起九十日内审查完毕,作出是否禁止经营者集中的决定,并书面通知经营者。作出禁止经营者集中的决定,应当说明理由。审查期间,经营者不得实施集中。

有下列情形之一的,国务院反垄断执法机构经书面通知经营者,可以延长前款规定的审查期限,但最长不得超过六十日:

(一) 经营者同意延长审查期限的;

(二) 经营者提交的文件、资料不准确,需要进一步核实的;

(三) 经营者申报后有关情况发生重大变化的。

国务院反垄断执法机构逾期未作出决定的,经营者可以实施集中。

第三十二条　有下列情形之一的,国务院反垄断执法机构可以决定中止计算经营者集中的审查期限,并书面通知经营者:

(一) 经营者未按照规定提交文件、资料,导致审查工作无法进行;

(二) 出现对经营者集中审查具有重大影响的新情况、新事实,不经核实将导致审查工作无法进行;

(三) 需要对经营者集中附加的限制性条件进一步评估,且经营者提出中止请求。

自中止计算审查期限的情形消除之日起,审查期限继续计算,国务院反垄断执法机构应当书面通知经营者。

第三十三条　审查经营者集中,应当考虑下列因素:

(一) 参与集中的经营者在相关市场的市场份额及其对市场的控制力;

(二) 相关市场的市场集中度;

(三) 经营者集中对市场进入、技术进步的影响;

(四) 经营者集中对消费者和其他有关经营者的影响;

(五) 经营者集中对国民经济发展的影响;

（六）国务院反垄断执法机构认为应当考虑的影响市场竞争的其他因素。

第三十四条 经营者集中具有或者可能具有排除、限制竞争效果的，国务院反垄断执法机构应当作出禁止经营者集中的决定。但是，经营者能够证明该集中对竞争产生的有利影响明显大于不利影响，或者符合社会公共利益的，国务院反垄断执法机构可以作出对经营者集中不予禁止的决定。

第三十五条 对不予禁止的经营者集中，国务院反垄断执法机构可以决定附加减少集中对竞争产生不利影响的限制性条件。

第三十六条 国务院反垄断执法机构应当将禁止经营者集中的决定或者对经营者集中附加限制性条件的决定，及时向社会公布。

第三十七条 国务院反垄断执法机构应当健全经营者集中分类分级审查制度，依法加强对涉及国计民生等重要领域的经营者集中的审查，提高审查质量和效率。

第三十八条 对外资并购境内企业或者以其他方式参与经营者集中，涉及国家安全的，除依照本法规定进行经营者集中审查外，还应当按照国家有关规定进行国家安全审查。

第五章　滥用行政权力排除、限制竞争

第三十九条 行政机关和法律、法规授权的具有管理公共事务职能的组织不得滥用行政权力，限定或者变相限定单位或者个人经营、购买、使用其指定的经营者提供的商品。

第四十条 行政机关和法律、法规授权的具有管理公共事务职能的组织不得滥用行政权力，通过与经营者签订合作协议、备忘录等方式，妨碍其他经营者进入相关市场或者对其他经营者实行不平等待遇，排除、限制竞争。

第四十一条 行政机关和法律、法规授权的具有管理公共事务职能的组织不得滥用行政权力，实施下列行为，妨碍商品在地

区之间的自由流通：

（一）对外地商品设定歧视性收费项目、实行歧视性收费标准，或者规定歧视性价格；

（二）对外地商品规定与本地同类商品不同的技术要求、检验标准，或者对外地商品采取重复检验、重复认证等歧视性技术措施，限制外地商品进入本地市场；

（三）采取专门针对外地商品的行政许可，限制外地商品进入本地市场；

（四）设置关卡或者采取其他手段，阻碍外地商品进入或者本地商品运出；

（五）妨碍商品在地区之间自由流通的其他行为。

第四十二条 行政机关和法律、法规授权的具有管理公共事务职能的组织不得滥用行政权力，以设定歧视性资质要求、评审标准或者不依法发布信息等方式，排斥或者限制经营者参加招标投标以及其他经营活动。

第四十三条 行政机关和法律、法规授权的具有管理公共事务职能的组织不得滥用行政权力，采取与本地经营者不平等待遇等方式，排斥、限制、强制或者变相强制外地经营者在本地投资或者设立分支机构。

第四十四条 行政机关和法律、法规授权的具有管理公共事务职能的组织不得滥用行政权力，强制或者变相强制经营者从事本法规定的垄断行为。

第四十五条 行政机关和法律、法规授权的具有管理公共事务职能的组织不得滥用行政权力，制定含有排除、限制竞争内容的规定。

第六章 对涉嫌垄断行为的调查

第四十六条 反垄断执法机构依法对涉嫌垄断行为进行

调查。

对涉嫌垄断行为，任何单位和个人有权向反垄断执法机构举报。反垄断执法机构应当为举报人保密。

举报采用书面形式并提供相关事实和证据的，反垄断执法机构应当进行必要的调查。

第四十七条 反垄断执法机构调查涉嫌垄断行为，可以采取下列措施：

（一）进入被调查的经营者的营业场所或者其他有关场所进行检查；

（二）询问被调查的经营者、利害关系人或者其他有关单位或者个人，要求其说明有关情况；

（三）查阅、复制被调查的经营者、利害关系人或者其他有关单位或者个人的有关单证、协议、会计账簿、业务函电、电子数据等文件、资料；

（四）查封、扣押相关证据；

（五）查询经营者的银行账户。

采取前款规定的措施，应当向反垄断执法机构主要负责人书面报告，并经批准。

第四十八条 反垄断执法机构调查涉嫌垄断行为，执法人员不得少于二人，并应当出示执法证件。

执法人员进行询问和调查，应当制作笔录，并由被询问人或者被调查人签字。

第四十九条 反垄断执法机构及其工作人员对执法过程中知悉的商业秘密、个人隐私和个人信息依法负有保密义务。

第五十条 被调查的经营者、利害关系人或者其他有关单位或者个人应当配合反垄断执法机构依法履行职责，不得拒绝、阻碍反垄断执法机构的调查。

第五十一条 被调查的经营者、利害关系人有权陈述意见。

反垄断执法机构应当对被调查的经营者、利害关系人提出的事实、理由和证据进行核实。

第五十二条 反垄断执法机构对涉嫌垄断行为调查核实后,认为构成垄断行为的,应当依法作出处理决定,并可以向社会公布。

第五十三条 对反垄断执法机构调查的涉嫌垄断行为,被调查的经营者承诺在反垄断执法机构认可的期限内采取具体措施消除该行为后果的,反垄断执法机构可以决定中止调查。中止调查的决定应当载明被调查的经营者承诺的具体内容。

反垄断执法机构决定中止调查的,应当对经营者履行承诺的情况进行监督。经营者履行承诺的,反垄断执法机构可以决定终止调查。

有下列情形之一的,反垄断执法机构应当恢复调查:

(一)经营者未履行承诺的;

(二)作出中止调查决定所依据的事实发生重大变化的;

(三)中止调查的决定是基于经营者提供的不完整或者不真实的信息作出的。

第五十四条 反垄断执法机构依法对涉嫌滥用行政权力排除、限制竞争的行为进行调查,有关单位或者个人应当配合。

第五十五条 经营者、行政机关和法律、法规授权的具有管理公共事务职能的组织,涉嫌违反本法规定的,反垄断执法机构可以对其法定代表人或者负责人进行约谈,要求其提出改进措施。

第七章 法律责任

第五十六条 经营者违反本法规定,达成并实施垄断协议的,由反垄断执法机构责令停止违法行为,没收违法所得,并处上一年度销售额百分之一以上百分之十以下的罚款,上一年度没有销售额的,处五百万元以下的罚款;尚未实施所达成的垄断协议的,可以处三百万元以下的罚款。经营者的法定代表人、主要负责人和直接责任人员对达成垄断协议负有个人责任的，可以处一百万元以下的罚款。

经营者组织其他经营者达成垄断协议或者为其他经营者达成垄断协议提供实质性帮助的，适用前款规定。

经营者主动向反垄断执法机构报告达成垄断协议的有关情况并提供重要证据的，反垄断执法机构可以酌情减轻或者免除对该经营者的处罚。

行业协会违反本法规定，组织本行业的经营者达成垄断协议的，由反垄断执法机构责令改正，可以处三百万元以下的罚款；情节严重的，社会团体登记管理机关可以依法撤销登记。

第五十七条 经营者违反本法规定，滥用市场支配地位的，由反垄断执法机构责令停止违法行为，没收违法所得，并处上一年度销售额百分之一以上百分之十以下的罚款。

第五十八条 经营者违反本法规定实施集中，且具有或者可能具有排除、限制竞争效果的，由国务院反垄断执法机构责令停止实施集中、限期处分股份或者资产、限期转让营业以及采取其他必要措施恢复到集中前的状态，处上一年度销售额百分之十以下的罚款；不具有排除、限制竞争效果的，处五百万元以下的罚款。

第五十九条 对本法第五十六条、第五十七条、第五十八条规定的罚款，反垄断执法机构确定具体罚款数额时，应当考虑违法行为的性质、程度、持续时间和消除违法行为后果的情况等因素。

第六十条 经营者实施垄断行为，给他人造成损失的，依法承担民事责任。

经营者实施垄断行为，损害社会公共利益的，设区的市级以上人民检察院可以依法向人民法院提起民事公益诉讼。

第六十一条 行政机关和法律、法规授权的具有管理公共事务职能的组织滥用行政权力，实施排除、限制竞争行为的，由上级机关责令改正；对直接负责的主管人员和其他直接责任人员依法给予处分。反垄断执法机构可以向有关上级机关提出依法处理的建议。行政机关和法律、法规授权的具有管理公共事务职能的组织应当将有关改正情况书面报告上级机关和反垄断执法机构。

法律、行政法规对行政机关和法律、法规授权的具有管理公共事务职能的组织滥用行政权力实施排除、限制竞争行为的处理另有规定的，依照其规定。

第六十二条　对反垄断执法机构依法实施的审查和调查，拒绝提供有关材料、信息，或者提供虚假材料、信息，或者隐匿、销毁、转移证据，或者有其他拒绝、阻碍调查行为的，由反垄断执法机构责令改正，对单位处上一年度销售额百分之一以下的罚款，上一年度没有销售额或者销售额难以计算的，处五百万元以下的罚款；对个人处五十万元以下的罚款。

第六十三条　违反本法规定，情节特别严重、影响特别恶劣、造成特别严重后果的，国务院反垄断执法机构可以在本法第五十六条、第五十七条、第五十八条、第六十二条规定的罚款数额的二倍以上五倍以下确定具体罚款数额。

第六十四条　经营者因违反本法规定受到行政处罚的，按照国家有关规定记入信用记录，并向社会公示。

第六十五条　对反垄断执法机构依据本法第三十四条、第三十五条作出的决定不服的，可以先依法申请行政复议；对行政复议决定不服的，可以依法提起行政诉讼。

对反垄断执法机构作出的前款规定以外的决定不服的，可以依法申请行政复议或者提起行政诉讼。

第六十六条　反垄断执法机构工作人员滥用职权、玩忽职守、徇私舞弊或者泄露执法过程中知悉的商业秘密、个人隐私和个人信息的，依法给予处分。

第六十七条　违反本法规定，构成犯罪的，依法追究刑事责任。

第八章　附　　则

第六十八条　经营者依照有关知识产权的法律、行政法规规定行使知识产权的行为，不适用本法；但是，经营者滥用知识产权，排除、限制竞争的行为，适用本法。

第六十九条　农业生产者及农村经济组织在农产品生产、加工、销售、运输、储存等经营活动中实施的联合或者协同行为，不适用本法。

第七十条　本法自2008年8月1日起施行。

中华人民共和国消费者权益保护法

（1993年10月31日第八届全国人民代表大会常务委员会第四次会议通过　根据2009年8月27日第十一届全国人民代表大会常务委员会第十次会议《关于修改部分法律的决定》第一次修正　根据2013年10月25日第十二届全国人民代表大会常务委员会第五次会议《关于修改〈中华人民共和国消费者权益保护法〉的决定》第二次修正）

目　　录

第一章　总　　则
第二章　消费者的权利
第三章　经营者的义务
第四章　国家对消费者合法权益的保护
第五章　消费者组织

第六章　争议的解决
第七章　法律责任
第八章　附　　则

第一章　总　则

第一条　为保护消费者的合法权益,维护社会经济秩序,促进社会主义市场经济健康发展,制定本法。

第二条　消费者为生活消费需要购买、使用商品或者接受服务,其权益受本法保护;本法未作规定的,受其他有关法律、法规保护。

第三条　经营者为消费者提供其生产、销售的商品或者提供服务,应当遵守本法;本法未作规定的,应当遵守其他有关法律、法规。

第四条　经营者与消费者进行交易,应当遵循自愿、平等、公平、诚实信用的原则。

第五条　国家保护消费者的合法权益不受侵害。

国家采取措施,保障消费者依法行使权利,维护消费者的合法权益。

国家倡导文明、健康、节约资源和保护环境的消费方式,反对浪费。

第六条　保护消费者的合法权益是全社会的共同责任。

国家鼓励、支持一切组织和个人对损害消费者合法权益的行为进行社会监督。

大众传播媒介应当做好维护消费者合法权益的宣传,对损害消费者合法权益的行为进行舆论监督。

第二章　消费者的权利

第七条　消费者在购买、使用商品和接受服务时享有人身、财产安全不受损害的权利。

消费者有权要求经营者提供的商品和服务,符合保障人身、财产安全的要求。

第八条 消费者享有知悉其购买、使用的商品或者接受的服务的真实情况的权利。

消费者有权根据商品或者服务的不同情况,要求经营者提供商品的价格、产地、生产者、用途、性能、规格、等级、主要成份、生产日期、有效期限、检验合格证明、使用方法说明书、售后服务,或者服务的内容、规格、费用等有关情况。

第九条 消费者享有自主选择商品或者服务的权利。

消费者有权自主选择提供商品或者服务的经营者,自主选择商品品种或者服务方式,自主决定购买或者不购买任何一种商品、接受或者不接受任何一项服务。

消费者在自主选择商品或者服务时,有权进行比较、鉴别和挑选。

第十条 消费者享有公平交易的权利。

消费者在购买商品或者接受服务时,有权获得质量保障、价格合理、计量正确等公平交易条件,有权拒绝经营者的强制交易行为。

第十一条 消费者因购买、使用商品或者接受服务受到人身、财产损害的,享有依法获得赔偿的权利。

第十二条 消费者享有依法成立维护自身合法权益的社会组织的权利。

第十三条 消费者享有获得有关消费和消费者权益保护方面的知识的权利。

消费者应当努力掌握所需商品或者服务的知识和使用技能,正确使用商品,提高自我保护意识。

第十四条 消费者在购买、使用商品和接受服务时,享有人格尊严、民族风俗习惯得到尊重的权利，享有个人信息依法得到保护的权利。

第十五条 消费者享有对商品和服务以及保护消费者权益工作进行监督的权利。

消费者有权检举、控告侵害消费者权益的行为和国家机关及其工作人员在保护消费者权益工作中的违法失职行为，有权对保护消费者权益工作提出批评、建议。

第三章 经营者的义务

第十六条 经营者向消费者提供商品或者服务，应当依照本法和其他有关法律、法规的规定履行义务。

经营者和消费者有约定的，应当按照约定履行义务，但双方的约定不得违背法律、法规的规定。

经营者向消费者提供商品或者服务，应当恪守社会公德，诚信经营，保障消费者的合法权益；不得设定不公平、不合理的交易条件，不得强制交易。

第十七条 经营者应当听取消费者对其提供的商品或者服务的意见，接受消费者的监督。

第十八条 经营者应当保证其提供的商品或者服务符合保障人身、财产安全的要求。对可能危及人身、财产安全的商品和服务，应当向消费者作出真实的说明和明确的警示，并说明和标明正确使用商品或者接受服务的方法以及防止危害发生的方法。

宾馆、商场、餐馆、银行、机场、车站、港口、影剧院等经营场所的经营者，应当对消费者尽到安全保障义务。

第十九条 经营者发现其提供的商品或者服务存在缺陷，有危及人身、财产安全危险的，应当立即向有关行政部门报告和告知消费者，并采取停止销售、警示、召回、无害化处理、销毁、停止生产或者服务等措施。采取召回措施的，经营者应当承担消费者因商品被召回支出的必要费用。

第二十条 经营者向消费者提供有关商品或者服务的质量、性能、用途、有效期限等信息，应当真实、全面，不得作虚假或者引人误解的宣传。

经营者对消费者就其提供的商品或者服务的质量和使用方法等问题提出的询问，应当作出真实、明确的答复。

经营者提供商品或者服务应当明码标价。

第二十一条 经营者应当标明其真实名称和标记。

租赁他人柜台或者场地的经营者，应当标明其真实名称和标记。

第二十二条 经营者提供商品或者服务，应当按照国家有关规定或者商业惯例向消费者出具发票等购货凭证或者服务单据；消费者索要发票等购货凭证或者服务单据的，经营者必须出具。

第二十三条 经营者应当保证在正常使用商品或者接受服务的情况下其提供的商品或者服务应当具有的质量、性能、用途和有效期限；但消费者在购买该商品或者接受该服务前已经知道其存在瑕疵，且存在该瑕疵不违反法律强制性规定的除外。

经营者以广告、产品说明、实物样品或者其他方式表明商品或者服务的质量状况的，应当保证其提供的商品或者服务的实际质量与表明的质量状况相符。

经营者提供的机动车、计算机、电视机、电冰箱、空调器、洗衣机等耐用商品或者装饰装修等服务，消费者自接受商品或者服务之日起六个月内发现瑕疵，发生争议的，由经营者承担有关瑕疵的举证责任。

第二十四条 经营者提供的商品或者服务不符合质量要求的，消费者可以依照国家规定、当事人约定退货，或者要求经营者履行更换、修理等义务。没有国家规定和当事人约定的，消费者可以自收到商品之日起七日内退货；七日后符合法定解除合同条件的，消费者可以及时退货，不符合法定解除合同条件的，可以要求经营者履行更换、修理等义务。

依照前款规定进行退货、更换、修理的，经营者应当承担运输等必要费用。

第二十五条　经营者采用网络、电视、电话、邮购等方式销售商品，消费者有权自收到商品之日起七日内退货，且无需说明理由，但下列商品除外：

（一）消费者定作的；

（二）鲜活易腐的；

（三）在线下载或者消费者拆封的音像制品、计算机软件等数字化商品；

（四）交付的报纸、期刊。

除前款所列商品外，其他根据商品性质并经消费者在购买时确认不宜退货的商品，不适用无理由退货。

消费者退货的商品应当完好。经营者应当自收到退回商品之日起七日内返还消费者支付的商品价款。退回商品的运费由消费者承担；经营者和消费者另有约定的，按照约定。

第二十六条　经营者在经营活动中使用格式条款的，应当以显著方式提请消费者注意商品或者服务的数量和质量、价款或者费用、履行期限和方式、安全注意事项和风险警示、售后服务、民事责任等与消费者有重大利害关系的内容，并按照消费者的要求予以说明。

经营者不得以格式条款、通知、声明、店堂告示等方式，作出排除或者限制消费者权利、减轻或者免除经营者责任、加重消费者责任等对消费者不公平、不合理的规定，不得利用格式条款并借助技术手段强制交易。

格式条款、通知、声明、店堂告示等含有前款所列内容的，其内容无效。

第二十七条　经营者不得对消费者进行侮辱、诽谤，不得搜查消费者的身体及其携带的物品，不得侵犯消费者的人身自由。

第二十八条　采用网络、电视、电话、邮购等方式提供商品或者服务的经营者，以及提供证券、保险、银行等金融服务的经营者，应当向消费者提供经营地址、联系方式、商品或者服务的数量和质量、价款或者费用、履行期限和方式、安全注意事项和风险警示、售后服务、民事责任等信息。

第二十九条　经营者收集、使用消费者个人信息，应当遵循合法、正当、必要的原则，明示收集、使用信息的目的、方式和范围，并经消费者同意。经营者收集、使用消费者个人信息，应当公开其收集、使用规则，不得违反法律、法规的规定和双方的约定收集、使用信息。

经营者及其工作人员对收集的消费者个人信息必须严格保密，不得泄露、出售或者非法向他人提供。经营者应当采取技术措施和其他必要措施，确保信息安全，防止消费者个人信息泄露、丢失。在发生或者可能发生信息泄露、丢失的情况时，应当立即采取补救措施。

经营者未经消费者同意或者请求，或者消费者明确表示拒绝的，不得向其发送商业性信息。

第四章　国家对消费者合法权益的保护

第三十条　国家制定有关消费者权益的法律、法规、规章和强制性标准，应当听取消费者和消费者协会等组织的意见。

第三十一条　各级人民政府应当加强领导，组织、协调、督促有关行政部门做好保护消费者合法权益的工作，落实保护消费者合法权益的职责。

各级人民政府应当加强监督，预防危害消费者人身、财产安全行为的发生，及时制止危害消费者人身、财产安全的行为。

第三十二条 各级人民政府工商行政管理部门和其他有关行政部门应当依照法律、法规的规定,在各自的职责范围内,采取措施,保护消费者的合法权益。

有关行政部门应当听取消费者和消费者协会等组织对经营者交易行为、商品和服务质量问题的意见,及时调查处理。

第三十三条 有关行政部门在各自的职责范围内,应当定期或者不定期对经营者提供的商品和服务进行抽查检验,并及时向社会公布抽查检验结果。

有关行政部门发现并认定经营者提供的商品或者服务存在缺陷,有危及人身、财产安全危险的,应当立即责令经营者采取停止销售、警示、召回、无害化处理、销毁、停止生产或者服务等措施。

第三十四条 有关国家机关应当依照法律、法规的规定,惩处经营者在提供商品和服务中侵害消费者合法权益的违法犯罪行为。

第三十五条 人民法院应当采取措施,方便消费者提起诉讼。对符合《中华人民共和国民事诉讼法》起诉条件的消费者权益争议,必须受理,及时审理。

第五章 消费者组织

第三十六条 消费者协会和其他消费者组织是依法成立的对商品和服务进行社会监督的保护消费者合法权益的社会组织。

第三十七条 消费者协会履行下列公益性职责:

(一)向消费者提供消费信息和咨询服务,提高消费者维护自身合法权益的能力,引导文明、健康、节约资源和保护环境的消费方式;

(二)参与制定有关消费者权益的法律、法规、规章和强制性标准;

（三）参与有关行政部门对商品和服务的监督、检查；

（四）就有关消费者合法权益的问题，向有关部门反映、查询，提出建议；

（五）受理消费者的投诉，并对投诉事项进行调查、调解；

（六）投诉事项涉及商品和服务质量问题的，可以委托具备资格的鉴定人鉴定，鉴定人应当告知鉴定意见；

（七）就损害消费者合法权益的行为，支持受损害的消费者提起诉讼或者依照本法提起诉讼；

（八）对损害消费者合法权益的行为，通过大众传播媒介予以揭露、批评。

各级人民政府对消费者协会履行职责应当予以必要的经费等支持。

消费者协会应当认真履行保护消费者合法权益的职责，听取消费者的意见和建议，接受社会监督。

依法成立的其他消费者组织依照法律、法规及其章程的规定，开展保护消费者合法权益的活动。

第三十八条 消费者组织不得从事商品经营和营利性服务，不得以收取费用或者其他牟取利益的方式向消费者推荐商品和服务。

第六章 争议的解决

第三十九条 消费者和经营者发生消费者权益争议的，可以通过下列途径解决：

（一）与经营者协商和解；

（二）请求消费者协会或者依法成立的其他调解组织调解；

（三）向有关行政部门投诉；

（四）根据与经营者达成的仲裁协议提请仲裁机构仲裁；

（五）向人民法院提起诉讼。

第四十条 消费者在购买、使用商品时，其合法权益受到损害的，可以向销售者要求赔偿。销售者赔偿后，属于生产者的责任或者属于向销售者提供商品的其他销售者的责任的，销售者有权向生产者或者其他销售者追偿。

消费者或者其他受害人因商品缺陷造成人身、财产损害的，可以向销售者要求赔偿，也可以向生产者要求赔偿。属于生产者责任的，销售者赔偿后，有权向生产者追偿。属于销售者责任的，生产者赔偿后，有权向销售者追偿。

消费者在接受服务时，其合法权益受到损害的，可以向服务者要求赔偿。

第四十一条 消费者在购买、使用商品或者接受服务时，其合法权益受到损害，因原企业分立、合并的，可以向变更后承受其权利义务的企业要求赔偿。

第四十二条 使用他人营业执照的违法经营者提供商品或者服务，损害消费者合法权益的，消费者可以向其要求赔偿，也可以向营业执照的持有人要求赔偿。

第四十三条 消费者在展销会、租赁柜台购买商品或者接受服务，其合法权益受到损害的，可以向销售者或者服务者要求赔偿。展销会结束或者柜台租赁期满后，也可以向展销会的举办者、柜台的出租者要求赔偿。展销会的举办者、柜台的出租者赔偿后，有权向销售者或者服务者追偿。

第四十四条 消费者通过网络交易平台购买商品或者接受服务，其合法权益受到损害的，可以向销售者或者服务者要求赔偿。网络交易平台提供者不能提供销售者或者服务者的真实名称、地址和有效联系方式的，消费者也可以向网络交易平台提供者要求赔偿；网络交易平台提供者作出更有利于消费者的承诺的，应当履行承诺。网络交易平台提供者赔偿后，有权向销售者或者服务者追偿。

网络交易平台提供者明知或者应知销售者或者服务者利用其平台侵害消费者合法权益，未采取必要措施的，依法与该销售者或者服务者承担连带责任。

第四十五条 消费者因经营者利用虚假广告或者其他虚假宣传方式提供商品或者服务，其合法权益受到损害的，可以向经营者要求赔偿。广告经营者、发布者发布虚假广告的，消费者可以请求行政主管部门予以惩处。广告经营者、发布者不能提供经营者的真实名称、地址和有效联系方式的，应当承担赔偿责任。

广告经营者、发布者设计、制作、发布关系消费者生命健康商品或者服务的虚假广告，造成消费者损害的，应当与提供该商品或者服务的经营者承担连带责任。

社会团体或者其他组织、个人在关系消费者生命健康商品或者服务的虚假广告或者其他虚假宣传中向消费者推荐商品或者服务，造成消费者损害的，应当与提供该商品或者服务的经营者承担连带责任。

第四十六条 消费者向有关行政部门投诉的，该部门应当自收到投诉之日起七个工作日内，予以处理并告知消费者。

第四十七条 对侵害众多消费者合法权益的行为，中国消费者协会以及在省、自治区、直辖市设立的消费者协会，可以向人民法院提起诉讼。

第七章 法律责任

第四十八条 经营者提供商品或者服务有下列情形之一的，除本法另有规定外，应当依照其他有关法律、法规的规定，承担民事责任：

（一）商品或者服务存在缺陷的；

（二）不具备商品应当具备的使用性能而出售时未作说明的；

（三）不符合在商品或者其包装上注明采用的商品标准的；

（四）不符合商品说明、实物样品等方式表明的质量状况的；

（五）生产国家明令淘汰的商品或者销售失效、变质的商品的；

（六）销售的商品数量不足的；

（七）服务的内容和费用违反约定的；

（八）对消费者提出的修理、重作、更换、退货、补足商品数量、退还货款和服务费用或者赔偿损失的要求，故意拖延或者无理拒绝的；

（九）法律、法规规定的其他损害消费者权益的情形。

经营者对消费者未尽到安全保障义务，造成消费者损害的，应当承担侵权责任。

第四十九条　经营者提供商品或者服务，造成消费者或者其他受害人人身伤害的，应当赔偿医疗费、护理费、交通费等为治疗和康复支出的合理费用，以及因误工减少的收入。造成残疾的，还应当赔偿残疾生活辅助具费和残疾赔偿金。造成死亡的，还应当赔偿丧葬费和死亡赔偿金。

第五十条　经营者侵害消费者的人格尊严、侵犯消费者人身自由或者侵害消费者个人信息依法得到保护的权利的，应当停止侵害、恢复名誉、消除影响、赔礼道歉，并赔偿损失。

第五十一条　经营者有侮辱诽谤、搜查身体、侵犯人身自由等侵害消费者或者其他受害人人身权益的行为，造成严重精神损害的，受害人可以要求精神损害赔偿。

第五十二条　经营者提供商品或者服务，造成消费者财产损害的，应当依照法律规定或者当事人约定承担修理、重作、更换、退货、补足商品数量、退还货款和服务费用或者赔偿损失等民事责任。

第五十三条　经营者以预收款方式提供商品或者服务的，应当按照约定提供。未按照约定提供的，应当按照消费者的要求履行约定或者退回预付款；并应当承担预付款的利息、消费者必须支付的合理费用。

第五十四条 依法经有关行政部门认定为不合格的商品，消费者要求退货的，经营者应当负责退货。

第五十五条 经营者提供商品或者服务有欺诈行为的，应当按照消费者的要求增加赔偿其受到的损失，增加赔偿的金额为消费者购买商品的价款或者接受服务的费用的三倍；增加赔偿的金额不足五百元的，为五百元。法律另有规定的，依照其规定。

经营者明知商品或者服务存在缺陷，仍然向消费者提供，造成消费者或者其他受害人死亡或者健康严重损害的，受害人有权要求经营者依照本法第四十九条、第五十一条等法律规定赔偿损失，并有权要求所受损失二倍以下的惩罚性赔偿。

第五十六条 经营者有下列情形之一，除承担相应的民事责任外，其他有关法律、法规对处罚机关和处罚方式有规定的，依照法律、法规的规定执行；法律、法规未作规定的，由工商行政管理部门或者其他有关行政部门责令改正，可以根据情节单处或者并处警告、没收违法所得、处以违法所得一倍以上十倍以下的罚款，没有违法所得的，处以五十万元以下的罚款；情节严重的，责令停业整顿、吊销营业执照：

（一）提供的商品或者服务不符合保障人身、财产安全要求的；

（二）在商品中掺杂、掺假，以假充真，以次充好，或者以不合格商品冒充合格商品的；

（三）生产国家明令淘汰的商品或者销售失效、变质的商品的；

（四）伪造商品的产地，伪造或者冒用他人的厂名、厂址，篡改生产日期，伪造或者冒用认证标志等质量标志的；

（五）销售的商品应当检验、检疫而未检验、检疫或者伪造检验、检疫结果的；

（六）对商品或者服务作虚假或者引人误解的宣传的；

（七）拒绝或者拖延有关行政部门责令对缺陷商品或者服务采取停止销售、警示、召回、无害化处理、销毁、停止生产或者服务等措施的；

（八）对消费者提出的修理、重作、更换、退货、补足商品数量、退还货款和服务费用或者赔偿损失的要求，故意拖延或者无理拒绝的；

（九）侵害消费者人格尊严、侵犯消费者人身自由或者侵害消费者个人信息依法得到保护的权利的；

（十）法律、法规规定的对损害消费者权益应当予以处罚的其他情形。

经营者有前款规定情形的，除依照法律、法规规定予以处罚外，处罚机关应当记入信用档案，向社会公布。

第五十七条　经营者违反本法规定提供商品或者服务，侵害消费者合法权益，构成犯罪的，依法追究刑事责任。

第五十八条　经营者违反本法规定，应当承担民事赔偿责任和缴纳罚款、罚金，其财产不足以同时支付的，先承担民事赔偿责任。

第五十九条　经营者对行政处罚决定不服的，可以依法申请行政复议或者提起行政诉讼。

第六十条　以暴力、威胁等方法阻碍有关行政部门工作人员依法执行职务的，依法追究刑事责任；拒绝、阻碍有关行政部门工作人员依法执行职务，未使用暴力、威胁方法的，由公安机关依照《中华人民共和国治安管理处罚法》的规定处罚。

第六十一条　国家机关工作人员玩忽职守或者包庇经营者侵害消费者合法权益的行为的，由其所在单位或者上级机关给予行政处分；情节严重，构成犯罪的，依法追究刑事责任。

第八章 附　　则

第六十二条　农民购买、使用直接用于农业生产的生产资料，参照本法执行。

第六十三条　本法自 1994 年 1 月 1 日起施行。

最高人民法院关于适用《中华人民共和国反不正当竞争法》若干问题的解释

（2022 年 1 月 29 日最高人民法院审判委员会第 1862 次会议通过　2022 年 3 月 16 日最高人民法院公告公布　自 2022 年 3 月 20 日起施行　法释〔2022〕9 号）

为正确审理因不正当竞争行为引发的民事案件，根据《中华人民共和国民法典》《中华人民共和国反不正当竞争法》《中华人民共和国民事诉讼法》等有关法律规定，结合审判实践，制定本解释。

第一条　经营者扰乱市场竞争秩序，损害其他经营者或者消费者合法权益，且属于违反反不正当竞争法第二章及专利法、商标法、著作权法等规定之外情形的，人民法院可以适用反不正当竞争法第二条予以认定。

第二条　与经营者在生产经营活动中存在可能的争夺交易机会、损害竞争优势等关系的市场主体，人民法院可以认定为反不正当竞争法第二条规定的"其他经营者"。

第三条　特定商业领域普遍遵循和认可的行为规范，人民法院可以认定为反不正当竞争法第二条规定的"商业道德"。

人民法院应当结合案件具体情况，综合考虑行业规则或者商业惯例、经营者的主观状态、交易相对人的选择意愿、对消费者权益、市场竞争秩序、社会公共利益的影响等因素，依法判断经营者是否违反商业道德。

人民法院认定经营者是否违反商业道德时，可以参考行业主管部门、行业协会或者自律组织制定的从业规范、技术规范、自律公约等。

第四条 具有一定的市场知名度并具有区别商品来源的显著特征的标识，人民法院可以认定为反不正当竞争法第六条规定的"有一定影响的"标识。

人民法院认定反不正当竞争法第六条规定的标识是否具有一定的市场知名度，应当综合考虑中国境内相关公众的知悉程度，商品销售的时间、区域、数额和对象，宣传的持续时间、程度和地域范围，标识受保护的情况等因素。

第五条 反不正当竞争法第六条规定的标识有下列情形之一的，人民法院应当认定其不具有区别商品来源的显著特征：

（一）商品的通用名称、图形、型号；

（二）仅直接表示商品的质量、主要原料、功能、用途、重量、数量及其他特点的标识；

（三）仅由商品自身的性质产生的形状，为获得技术效果而需有的商品形状以及使商品具有实质性价值的形状；

（四）其他缺乏显著特征的标识。

前款第一项、第二项、第四项规定的标识经过使用取得显著特征，并具有一定的市场知名度，当事人请求依据反不正当竞争法第六条规定予以保护的，人民法院应予支持。

第六条 因客观描述、说明商品而正当使用下列标识，当事人主张属于反不正当竞争法第六条规定的情形的，人民法院不予支持：

(一)含有本商品的通用名称、图形、型号;

(二)直接表示商品的质量、主要原料、功能、用途、重量、数量以及其他特点;

(三)含有地名。

第七条 反不正当竞争法第六条规定的标识或者其显著识别部分属于商标法第十条第一款规定的不得作为商标使用的标志,当事人请求依据反不正当竞争法第六条规定予以保护的,人民法院不予支持。

第八条 由经营者营业场所的装饰、营业用具的式样、营业人员的服饰等构成的具有独特风格的整体营业形象,人民法院可以认定为反不正当竞争法第六条第一项规定的"装潢"。

第九条 市场主体登记管理部门依法登记的企业名称,以及在中国境内进行商业使用的境外企业名称,人民法院可以认定为反不正当竞争法第六条第二项规定的"企业名称"。

有一定影响的个体工商户、农民专业合作社(联合社)以及法律、行政法规规定的其他市场主体的名称(包括简称、字号等),人民法院可以依照反不正当竞争法第六条第二项予以认定。

第十条 在中国境内将有一定影响的标识用于商品、商品包装或者容器以及商品交易文书上,或者广告宣传、展览以及其他商业活动中,用于识别商品来源的行为,人民法院可以认定为反不正当竞争法第六条规定的"使用"。

第十一条 经营者擅自使用与他人有一定影响的企业名称(包括简称、字号等)、社会组织名称(包括简称等)、姓名(包括笔名、艺名、译名等)、域名主体部分、网站名称、网页等近似的标识,引人误认为是他人商品或者与他人存在特定联系,当事人主张属于反不正当竞争法第六条第二项、第三项规定的情形的,人民法院应予支持。

第十二条 人民法院认定与反不正当竞争法第六条规定的

"有一定影响的"标识相同或者近似，可以参照商标相同或者近似的判断原则和方法。

反不正当竞争法第六条规定的"引人误认为是他人商品或者与他人存在特定联系"，包括误认为与他人具有商业联合、许可使用、商业冠名、广告代言等特定联系。

在相同商品上使用相同或者视觉上基本无差别的商品名称、包装、装潢等标识，应当视为足以造成与他人有一定影响的标识相混淆。

第十三条 经营者实施下列混淆行为之一，足以引人误认为是他人商品或者与他人存在特定联系的，人民法院可以依照反不正当竞争法第六条第四项予以认定：

（一）擅自使用反不正当竞争法第六条第一项、第二项、第三项规定以外"有一定影响的"标识；

（二）将他人注册商标、未注册的驰名商标作为企业名称中的字号使用，误导公众。

第十四条 经营者销售带有违反反不正当竞争法第六条规定的标识的商品，引人误认为是他人商品或者与他人存在特定联系，当事人主张构成反不正当竞争法第六条规定的情形的，人民法院应予支持。

销售不知道是前款规定的侵权商品，能证明该商品是自己合法取得并说明提供者，经营者主张不承担赔偿责任的，人民法院应予支持。

第十五条 故意为他人实施混淆行为提供仓储、运输、邮寄、印制、隐匿、经营场所等便利条件，当事人请求依据民法典第一千一百六十九条第一款予以认定的，人民法院应予支持。

第十六条 经营者在商业宣传过程中，提供不真实的商品相关信息，欺骗、误导相关公众的，人民法院应当认定为反不正当竞争法第八条第一款规定的虚假的商业宣传。

第十七条　经营者具有下列行为之一，欺骗、误导相关公众的，人民法院可以认定为反不正当竞争法第八条第一款规定的"引人误解的商业宣传"：

（一）对商品作片面的宣传或者对比；

（二）将科学上未定论的观点、现象等当作定论的事实用于商品宣传；

（三）使用歧义性语言进行商业宣传；

（四）其他足以引人误解的商业宣传行为。

人民法院应当根据日常生活经验、相关公众一般注意力、发生误解的事实和被宣传对象的实际情况等因素，对引人误解的商业宣传行为进行认定。

第十八条　当事人主张经营者违反反不正当竞争法第八条第一款的规定并请求赔偿损失的，应当举证证明其因虚假或者引人误解的商业宣传行为受到损失。

第十九条　当事人主张经营者实施了反不正当竞争法第十一条规定的商业诋毁行为的，应当举证证明其为该商业诋毁行为的特定损害对象。

第二十条　经营者传播他人编造的虚假信息或者误导性信息，损害竞争对手的商业信誉、商品声誉的，人民法院应当依照反不正当竞争法第十一条予以认定。

第二十一条　未经其他经营者和用户同意而直接发生的目标跳转，人民法院应当认定为反不正当竞争法第十二条第二款第一项规定的"强制进行目标跳转"。

仅插入链接，目标跳转由用户触发的，人民法院应当综合考虑插入链接的具体方式、是否具有合理理由以及对用户利益和其他经营者利益的影响等因素，认定该行为是否违反反不正当竞争法第十二条第二款第一项的规定。

第二十二条　经营者事前未明确提示并经用户同意，以误导、欺骗、强迫用户修改、关闭、卸载等方式，恶意干扰或者破坏其他经营者合法提供的网络产品或者服务，人民法院应当依照反不正当竞争法第十二条第二款第二项予以认定。

第二十三条 对于反不正当竞争法第二条、第八条、第十一条、第十二条规定的不正当竞争行为，权利人因被侵权所受到的实际损失、侵权人因侵权所获得的利益难以确定，当事人主张依据反不正当竞争法第十七条第四款确定赔偿数额的，人民法院应予支持。

第二十四条 对于同一侵权人针对同一主体在同一时间和地域范围实施的侵权行为，人民法院已经认定侵害著作权、专利权或者注册商标专用权等并判令承担民事责任，当事人又以该行为构成不正当竞争为由请求同一侵权人承担民事责任的，人民法院不予支持。

第二十五条 依据反不正当竞争法第六条的规定，当事人主张判令被告停止使用或者变更其企业名称的诉讼请求依法应予支持的，人民法院应当判令停止使用该企业名称。

第二十六条 因不正当竞争行为提起的民事诉讼，由侵权行为地或者被告住所地人民法院管辖。

当事人主张仅以网络购买者可以任意选择的收货地作为侵权行为地的，人民法院不予支持。

第二十七条 被诉不正当竞争行为发生在中华人民共和国领域外，但侵权结果发生在中华人民共和国领域内，当事人主张由该侵权结果发生地人民法院管辖的，人民法院应予支持。

第二十八条 反不正当竞争法修改决定施行以后人民法院受理的不正当竞争民事案件，涉及该决定施行前发生的行为的，适用修改前的反不正当竞争法；涉及该决定施行前发生、持续到该决定施行以后的行为的，适用修改后的反不正当竞争法。

第二十九条 本解释自2022年3月20日起施行。《最高人民法院关于审理不正当竞争民事案件应用法律若干问题的解释》（法释〔2007〕2号）同时废止。

本解释施行以后尚未终审的案件，适用本解释；施行以前已经终审的案件，不适用本解释再审。

附录三

本书所涉文件目录

法　律

2008 年 10 月 28 日	中华人民共和国企业国有资产法
2011 年 6 月 30 日	中华人民共和国行政强制法
2012 年 12 月 28 日	中华人民共和国劳动合同法
2013 年 10 月 25 日	中华人民共和国消费者权益保护法
2014 年 8 月 31 日	中华人民共和国政府采购法
2014 年 8 月 31 日	中华人民共和国注册会计师法
2015 年 4 月 24 日	中华人民共和国保险法
2015 年 8 月 29 日	中华人民共和国商业银行法
2016 年 11 月 7 日	中华人民共和国电影产业促进法
2017 年 6 月 27 日	中华人民共和国行政诉讼法
2017 年 9 月 1 日	中华人民共和国律师法
2018 年 8 月 31 日	中华人民共和国电子商务法
2018 年 10 月 26 日	中华人民共和国旅游法
2018 年 12 月 29 日	中华人民共和国产品质量法
2018 年 12 月 29 日	中华人民共和国劳动法
2018 年 12 月 29 日	中华人民共和国公务员法
2019 年 4 月 23 日	中华人民共和国商标法
2019 年 8 月 26 日	中华人民共和国药品管理法
2019 年 12 月 28 日	中华人民共和国证券法
2020 年 5 月 28 日	中华人民共和国民法典
2020 年 6 月 20 日	中华人民共和国公职人员政务处分法
2021 年 1 月 22 日	中华人民共和国行政处罚法
2021 年 4 月 29 日	中华人民共和国广告法

2022 年 6 月 24 日	中华人民共和国反垄断法
2022 年 12 月 30 日	中华人民共和国对外贸易法
2023 年 3 月 13 日	中华人民共和国立法法
2023 年 9 月 1 日	中华人民共和国行政复议法
2023 年 12 月 29 日	中华人民共和国刑法
2023 年 12 月 29 日	中华人民共和国公司法
2025 年 4 月 30 日	中华人民共和国民营经济促进法
2025 年 6 月 27 日	中华人民共和国反不正当竞争法
2025 年 6 月 27 日	中华人民共和国治安管理处罚法

行政法规及文件

2009 年 5 月 4 日	彩票管理条例
2014 年 4 月 29 日	中华人民共和国商标法实施条例
2016 年 2 月 6 日	中华人民共和国电信条例
2017 年 3 月 1 日	对外承包工程管理条例
2019 年 10 月 22 日	优化营商环境条例
2023 年 7 月 20 日	中华人民共和国认证认可条例
2024 年 3 月 10 日	企业信息公示暂行条例
2025 年 3 月 17 日	保障中小企业款项支付条例

部门规章及文件

1995 年 7 月 6 日	中华人民共和国国家工商行政管理局关于禁止仿冒知名商品特有的名称、包装、装潢的不正当竞争行为的若干规定
1996 年 11 月 15 日	国家工商行政管理局关于禁止商业贿赂行为的暂行规定
1998 年 12 月 3 日	关于禁止侵犯商业秘密行为的若干规定
1999 年 8 月 3 日	关于制止低价倾销行为的规定

2010年6月21日	卫生部关于进一步深化治理医药购销领域商业贿赂工作的通知
2011年12月29日	规范互联网信息服务市场秩序若干规定
2019年12月30日	市场监管总局关于贯彻落实《优化营商环境条例》的意见
2020年11月5日	市场监管总局关于加强网络直播营销活动监管的指导意见
2020年12月29日	规范促销行为暂行规定
2021年2月8日	市场监管总局办公厅关于坚决清理整治知名医院被冒牌问题的通知
2023年3月10日	制止滥用行政权力排除、限制竞争行为规定
2023年3月10日	禁止滥用市场支配地位行为规定
2023年6月8日	盲盒经营行为规范指引（试行）
2024年5月6日	网络反不正当竞争暂行规定

司法解释及文件

2008年11月20日	最高人民法院、最高人民检察院关于办理商业贿赂刑事案件适用法律若干问题的意见
2020年9月10日	最高人民法院关于审理侵犯商业秘密民事案件适用法律若干问题的规定
2020年12月29日	最高人民法院关于审理商标民事纠纷案件适用法律若干问题的解释
2020年12月29日	最高人民法院关于审理涉及驰名商标保护的民事纠纷案件应用法律若干问题的解释
2022年3月16日	最高人民法院关于适用《中华人民共和国反不正当竞争法》若干问题的解释

图书在版编目（CIP）数据

反不正当竞争法一本通 / 法规应用研究中心编.
北京：中国法治出版社，2025.7. --（法律一本通）.
ISBN 978-7-5216-5450-9

Ⅰ.D922.294.4

中国国家版本馆 CIP 数据核字第 2025GE2406 号

责任编辑：谢雯　　　　　　　　　　　　　　封面设计：杨泽江

反不正当竞争法一本通
FAN BUZHENGDANG JINGZHENGFA YIBENTONG

编者/法规应用研究中心
经销/新华书店
印刷/保定市中画美凯印刷有限公司
开本/880 毫米×1230 毫米　32 开　　　　　印张/ 7.5　字数/ 178 千
版次/2025 年 7 月第 1 版　　　　　　　　　2025 年 7 月第 1 次印刷

中国法治出版社出版
书号 ISBN 978-7-5216-5450-9　　　　　　　　定价：29.00 元

北京市西城区西便门西里甲 16 号西便门办公区
邮政编码：100053　　　　　　　　　传真：010-63141600
网址：http：//www.zgfzs.com　　　编辑部电话：010-63141784
市场营销部电话：010-63141612　　印务部电话：010-63141606

（如有印装质量问题，请与本社印务部联系。）